Vera Hewener

Oh Rose, Zauberblume

Rosengedichte und Geschichten

Rosen sind die beliebtesten Blumen. Sie verbreiten einen Duftzauber, haben eine Heilwirkung und spinnen aus Mythen und Legenden einen Bogen durch alle Epochen bis in die Gegenwart. Das Buch versammelt neben einleitenden Sachtexten die schönsten Rosengedichte und Geschichten aus dem literarischen Werk von Vera Hewener.

Vera Hewener, Dipl.- Sozialarbeiterin, geb. 1955 in Saarwellingen, veröffentlicht neben sozialwissenschaftlichen Publikationen Lyrik, Erzählungen und Szenen u.a. in Deutschland, Österreich, der Schweiz und Frankreich. Mehrfach international ausgezeichnet, u.a. Superpremio Cultura Lombarda (I) 2001, 2. Preis Internationaler Literaturwettbewerb Lev Tolstoj (I) 2001, 1. Preis Deutsche Sprache und Trophäe Novalis 2004 (F), Grand Prix Européen de Poésie (F) 2005, Goethe Trophäe (F) 2007, Wilhelm Busch Preis (F) 2017.

Pressesplitter
„Gedichte, die mit geballter Bildsprache arbeiten." SZ Ostern 1998. „Heweners Sprache ist Rhythmus und Malerei." SZ, 07.05.2002. "Zart und duftig sind viele dieser Gedichte, voller Freude über den Einklang mit der Natur; hymnisch-gewaltige Gesänge lassen an Hölderlin und Rilke denken." SZ, 17.11.03. „Jedes Wort schillert und ruft ein Bild hervor...Vera Hewener baut aus dem, was sie sieht, kleine Wortkunstwerke." SZ, 07.11.2011. „Zauberhafte Rosenpoesie für die Sinne. In Heweners lyrischen Gesängen funkelte das Rosenherz, ist der Duftkuss des farbtrunkenen Blütenwalls nicht abzuwehren, verkehrt die Schönheit verzehrende Blumenpassion die Seelen. Malerische Impressionen zauberten di e Gedichte über die Themengärten im Garten der Sinne... Anregender kann Gartenpoesie kaum sein." Wochenspiegel Merzig 11.07.2008. „Anmutige, unverbrauchte Bilder." SZ 07.06.17. „Offensichtlich steckt auch ein Schalk in Hewener, einer, der mit heiterer Leichtigkeit Reime und Silben sammelt, bündelt und wieder streut." SZ 07.12.17.

Vera Hewener

Oh Rose, Zauberblume

Rosengedichte und Geschichten

Die Deutsche Bibliothek verzeichnet diese Publikation in der Deutschen Nationalbibliografie; detaillierte bibliografische Daten sind im Internet abrufbar unter www.http://dnb.dnb.de.

© Alle Rechte vorbehalten. Das Werk, einschließlich seiner Teile, ist urheberrechtlich geschützt. Jede Art der Verwertung ist ohne Zustimmung des Verlages und der Autorin unzulässig. Dies gilt insbesondere für die elektronische oder sonstige Vervielfältigung, Übersetzung, Verbreitung und öffentliche Zugänglichmachung.

© Für die Texte und Umschlagbild: Alle Rechte bei Vera Hewener.
Abbildung Umschlag: Polyantha Rose The Fairy

Herstellung und Verlag:
BoD - Books on Demand,
Norderstedt
Printed in Germany

1. Auflage 2023
ISBN 9783738612936
11,00 EURO

Inhaltsverzeichnis

Die ersten Rosen und ihre Verehrung 9
   Römische Gärten der Villa Borg 11
   Renaissancegarten Schloss Berg 12
   Bois de Boulogne 13
   Rosa centifolie 14
   Im Haus der Zeit 15
   Sommerlied 16
   Sommerfrieden 17
   Undine tanzt 18

Die Kultivierung der Rosen 19
   Ein Hauch von Rosen 21
   Rose, Wahrhaftige 22
   Oh Rose 23
   Rosenalarm 24
   Dufthimmel 25
   Hundertblättrige 26
   Aufgeblüht ranken 26
   Rosen Wolken Luft 26

Liebeszauber Rose 27
   Blüht in aller Stille 29
   Das geöffnete Gedächtnis 29
   Frühlingsliebe 30
   Sommerrosen 30
   Rosenstolz 31
   Rosentöne 31

Endliches Leben 32

Schattenblau 33

Falsche Rosen 34

Amorette 35

Wie viel Dornen 35

Unstimmig 36

Gleichung mit zwei Unbekannten 37

Abschied 38

Oh Danny Boy 39

Abschied und Anfang 40

Im Namen der Rose 41

Unter den Rosen 43

Oktober 44

Im Garten 45

Überreste 46

Mein Kuss an die Zeit vorüber 47

Im Zweifel 48

Heilpflanze Rose 49

Dornröschen 51

Rosen duften schon 51

Rosenblüte 52

Rosenhymne 53

Herbstspende 54

Zauberblume Rose 55

Absinth und Ambrosia 57

Flamenco am Wölfelsbrunnen 58

Gab Rosenwasser dir zum Trank 59
Das Sterben der Feuerrose 60
Lawinenwarnung 61
Es kommen andere Ewigkeiten 62
Meeresdämmerung 63
Das eiserne Herz 64
Lichtbruch 64

Blütenzauber 65
Röschen 67
Parkverständigung 68
Partituren des Regens 69
Im Farbgewirr 69
Sommer 70
Rosengarten 71
Blumenreime 72
Sommergarten 73
Nach dem Regenfall 73
Lebensgarten 74
Blaues Gartengedicht 75
Ballade vom wahren Schneckenputsch 76
Bauerngarten 77
Lavendel strauchelt 77
Landgarten 78
Im Blumenreich 79
Wildrosen 80
Hummelflug 81
Morgenröschen 82

Rosen im Christentum 83

Ach Jehova 85

Christrosengeflüster 86

Schneerose 87

Winterwald 88

Wenn Christrosen blühen 89

Winterliebe 90

Die Rose von Jericho 91

Werkverzeichnis 95

Literaturverzeichnis Sachtexte 98

Die ersten Rosen und ihre Verehrung

Die Geschichte dieser beliebten Blume beginnt lange vor unserer Zeit. Die ältesten Funde von Wildrosen sollen Fossilien in den Colorado Rockies sein. Sie weisen Abdrücke von Rosenblättern auf und stammen aus der Altsteinzeit, dem Paleolithikum, vor etwa 35 bis 32 Millionen Jahren. Als die Menschheit sesshaft wurde, sprossen bereits zahlreiche Sorten von Wildrosen aus dem Boden. In Heckenform umgrenzten sie bald Äcker und Weiden, wurden zum Rosenhag.

Das antike Griechenland kannte die kultivierte Gartenrose „rhodon" und die wild wachsende Hundsrose „kynosbaton", nachzulesen bei Theophrastos, dem Vater der Botanik. Dieser erwähnte auch schon eine „hundertblättrige" Rose. Darunter versteht man heute die Hybride Rosa centifolia, eine holländische Züchtung der Neuzeit. Sie ging als Rose der Maler in die Geschichte ein. Bei der antiken Zentifolie aber handelte es sich wohl um die Gattung der Damaszenerrose, eine Züchtung aus dem Umland von Damaskus. Syrien bedeutet übrigens „Land der Rosen".

Epikur besaß einen eigenen Rosengarten mitten in Athen. Der Philosoph pflegte darin zu lustwandeln. Die griechische Mythologie feierte die Rose als Geschenk der Götter. Als die Liebesgöttin Aphrodite dem Meer entstieg, verwandelte sich der Brandungsschaum in ein Meer aus weißen Rosen. Rosen galten im alten Griechenland auch als Zeichen der Ehre und Tapferkeit. Schon Achilles Schild zierte eine Rose. Siegreiche Krieger schmückte man bei deren Heimkehr mit Kränzen aus Rosen. Die griechische Dichterin Sappho besang die Rose als „Königin der Blumen".

Der griechische Rosenkult wurde von den Römern adaptiert und nahm exzessive Formen an. Wer es sich leisten konnte, füllte seine Sitzkissen mit Rosen, trug Riechbeutel mit Rosenblüten unter den Tuniken und Gewändern und badete in Rosenwasser. Rauschende Feste waren ohne knietiefe Blütenteppiche aus Rosenblüten nicht denkbar. In die Schlacht zogen auch Roms Legionen mit einem Streitwagen, der üppig mit Rosen geschmückt war. Heerführern gestattete man, an ihrem Schild eine Rose anzubringen. Die Rose im Familienwappen gehörte zur Tradition. Der Bedarf an Rosenblüten wuchs ins Unermessliche. Großflächige Rosenkulturen wurden angelegt, besonders südlich von Palestrina in Paestum. Dorthin pilgerte Roms Oberschicht zur Erholung und zum Zeitvertreib.

Den nordischen Völkern galt die Rose als Attribut der mütterlichen Liebesgöttin Frigg. Sie erzählte aber auch von blutigen Kämpfen, vom Tod. Durch einen Schwerthieb geschlagene Wunden wurden Rose genannt, die sog. Wundrose, ebenso ein schlachterprobtes Schwert. Als Rosengarten bezeichnete man in diesem Zusammenhang den Turnierplatz.

Römische Gärten der Villa Borg

Rosenzimmer
römischer Duftfall
Buchsbaumteppichen zu Füßen
auf der Suche nach liebesblauen Blumen

Tropfenträume auf weißem Brunnengehöft
zerspringen auf der Auffangschale
tausendfache Lichtsplitter

Najaden entschweben
weben auf der Ruhebank
Brautschleier für die Heere Jupiters

ich sinne auf der Erinnerungsinsel
Hochzeiten der Römerseele nach
venusisches Geträum
vergangener Berührungen

wie schlicht sie mir scheinen
beim Aufgang der Plejaden
sieben Punkte im Dämmerungshimmel
die noch immer die Richtung ausleuchten

Renaissancegarten Schloss Berg

Umschlinge mich Buchsgebüsch
mit Knotenpunkten

du bist der Sonnenuhr Leisezeit
Stillfläche blauen Gefalls

versunken zwischen Eibenbällen
nimmt eine Bank meinen Körper auf

Harmonie des Windgestreichs
umsonnt, belichtet
gelöst meine Glieder

Pergolengehölz überspannt
Endpunkte der Splittgänge
von Tausendjährigen umwunden:
Duftkränze aus Rosenranken

inmitten des Grünlieds Tonwechsel
gelber und roter Akkorde
wenn das Schattenglissando sie trifft

Bois de Boulogne

In jenem Sonnenton
der aus Wolken Hitze saugt
und über den Bois de Boulogne streut
im tiefen Grün der Stadt
wo die Rose das Herz der Umarmung liebkost

unter dem Himmel
der sein Königsblau
im Jardin de Bagatelle verlor
auf den Bänken
von Vogelpaaren besungen

schwirrt ein Licht
warm und scheu
als wollte es die Schönheit beschützen
vor dem Schleiertanz
den Gräserwehen
vor den Blüten aufführen

in dieses weite längst entrückte Strahlen
ergibt sich mein Blut errötet meine Haut
dieser Aufschrei der Seele
die das Unberührbare in Händen hält
für diese Stunde

in der die Sehnsucht in den Höhen liest

Rosa centifolie

Rose
farbtrunkener Blütenwall
in sich selbst versunken

Rose
dornverwandter Liebesstachel
Horn ummantelt

Rose
Schönheit verzehrende Blumenpassion
Seelen verkehrend

Rose
Duftwerk
Zauberblume
Sinnesmeer

Im Haus der Zeit

Im Haus der Zeit wohnt eine Seele fein
in vielen unbekannten Zimmern
sie lädt mich ein zum Hoffnungsträumen
Salons in Samt und Seide flimmern
es zärtelt Schonzeit mit ihren Kinderfläumen
und zaubert mich ins Märchenschloss hinein

Die Feenwelt erwacht sie singen
mit glockenklaren Stimmen Psalmen
in durchsichtige Tücher eingewandet
die Kränze geflochten aus Rosen Gräserhalmen
ein Sturm aus wundersamen Wünschen brandet
und trägt mich fort auf weit entrückten Schwingen

Das Sehnen perlt auf meiner Haut in Bildern
mit tausend Wünschen überzogen
ein Herz im Glanz in güldenen Palästen
der Hofstaat schart sich um den Dogen
und lockt mit ausgemachten Festen
der Weg ein Labyrinth aus Schildern

Die vielen Türen die sich mir empfehlen
verwirren mich sie schreien nach Entscheidung
die Zeit pocht hörbar in den Wänden
erhofft das Zeithaus die Bekleidung
seiner Tage mit Lebensbänden
wes' Tür ich nehm' des' Zeit ich stehle

Im Haus der Zeit wohnt eine Seele fein
in Räumen die mich jäh erwarten:
ein Scheideweg ein Bitterfeld
ein Maar ein Sommerblumengarten
durch welche Zeit ich geh' ich bin der Held
ein jede Zeit sie wächst im Widerschein

Gewidmet Brigitte Mann

Sommerlied

Sonnenhand hat die Luft verbrannt
hat ersonnen hat versponnen
den Horizont mit weißem Schimmer

Sonnenstand überm Himmelsrand
wählt die Zeiten in den Weiten
und haucht herab den heißen Flimmer

spiegelt das Licht
auf den Zeigern der Mittagsuhr
schlägt eine Tür
in den Herztakt der Sommerflur
die Ordnung sie verpönt
den Wildwuchs sie verschönt
dort blüht versteckt
die Rose unentdeckt

Heller Glanz Sommereleganz
auf Terrassen in den Gassen
flanieren Menschen die laut lachen

Wolkentanz blaue Brillanz
Sonnenlüster Windgeflüster
treibt vor sich her des Tages Nachen

Sommerfrieden

Ein zärtlich heißer Sonnenstrahl
wie schmückt er Tag und Stunden
ein Flimmern überm Rosental
ins Leben eingebunden

Oh Sonne süß die Lüfte grüß
aus Wolken weht 's hienieden
und wiegt des Sommers Frieden

Der Blüten helle Farbenpracht
gereift im Licht der Haine
des Glückes Leuchten uns entfacht
entrückt mein Herz das deine

Die Winde wehn ein Liebesflehn
es kehrt in Blicken wieder
und sehnt sich in uns nieder

Gedicht kann auf die Melodie „Sommarpsalm" von Waldemar Ahlen gesungen werden.

Undine tanzt

Mondfluss silbergeneigt,
ich folge der Spur
teichsichtigen Blicks.
Sonnenfunken zündeln,
nicht Lichtsplitter,
Sternscherben spiegeln sich
im dunklen Nass.

Stimmenschweben, ein Raunen
leichtfüßig über der Wasserhaut.
Kiesel klickern, klirren im Sog,
Strudel verrinnen, versickern,
Nachtwachen tauchen auf.

Drunten im Schilf wirbelt Undine,
im Wassergarten drehen Nymphen
Hochzeitstänze,
flattern über Seerosenblättern
im Takt der Rohrgesänge,
weiße Bänder im Haar.

Zwischen den Wurzelkolben
thronen Tribünen,
Hörstühle für Kardinäle,
Sitzflächen für Libellen.
Auf Seidelbast
wiegt sich die Lilienfrau.

Wer die Nachtgeister überdauert,
nährt sich von Wegwarten
und blauen Blumen.

Die Kultivierung der Rosen

Die Kenntnisse der Destillation von Rosenöl gelangten um 1000 n. Chr. nach Europa. Im siebzehnten Jahrhundert dehnte sich die Rosenkultivierung von Persien nach Indien, Nordafrika und der Türkei aus. Im Jahr 1710 begann der Rosenanbau in Bulgarien, 200 km östlich von Sofia in Kasanlak. Die ersten Rosen aus China trafen 1809 mit den Handelsschiffen der East India Company zusammen mit einer Teelieferung in England ein. Der Engländer Abraham Hume nannte sie "Hume's Blush Tea-scented China", was übersetzt bedeutet, die "Rosige nach Tee duftende Chinarose".
Einen markanten Entwicklungsschub erfuhr Europas Rosenzucht im 18. Jahrhundert. Bis dahin blühten alle auf dem Kontinent bekannten Sorten nur einmal, nämlich im Frühsommer. Erst die Einkreuzung der mehrfach blühenden Chinarose brachte den großen Aufschwung. Eine Vorreiterrolle in der Geschichte der Rosenzucht nahm Kaiserin Josephine von Frankreich ein. Napoleons Gefährtin wollte alle bekannten Rosenarten im Garten von Malmaison kultivieren. Sie suchte Wissenschaftler und Künstler, um die Pflanzen für die Nachwelt zu beschreiben und zu malen. Der berühmte Blumenzeichner Pierre-Joseph Redouté fertigte die Bilder an, die Botaniker Ventenant und Bonpland waren für die Beschreibung der Pflanzen verantwortlich. Zwischen 1802 bis 1805 entstand das großformatige Werk „Jardin de Malmaison", das 120 Aquarelle von Redouté enthielt. Erst nach dem Tod Josephines konnte das Meisterwerk erscheinen und ist heute als Nachdruck wieder erhältlich.
1867 gelang mit der Kreuzung von Alten Rosen und Teerosen die Züchtung der ersten Teehybride „La France". Die Dauerblütigkeit wurde zum Dreh- und Angelpunkt der modernen Rosenzucht. Frankreich entwickelte sich zur Rosennation Nummer eins. Die Kulturen im Süden des Landes lieferten den Rohstoff für eine mächtige Parfumindustrie.

Die Dauerblütigkeit der modernen Rosen ging jedoch auf Kosten der Robustheit und des Duftes. Man besann sich wieder auf „Alte Rosen" zurück, also jene Sorten, deren Stammbaum noch vor die Zeit der ersten Teerose zurückreicht. Zu den absoluten Klassikern dieser Kategorie zählen die weiße Damaszenerrose „Madame Hardy", die zartgelbe Noisette-Rose „Maréchal-Niel" oder die seit 1789 in Europa bekannte Chinarose „Old Blush" in hellem Rosaton. Diese echten „Alten Rosen" sind nicht zu verwechseln mit den im 20. Jahrhundert gezüchteten, den sog. „Romantische Rosen".

In Frankreich ist die Stadt Grasse für ihre Rosenöle bekannt. Dort werden jährlich ca. 300.000 kg Rosenblüten verarbeitet. Sehr viel Rosenöl kommt heute aus Bulgarien und der Türkei. Die Blüten müssen in den frühen Morgenstunden gepflückt werden. Die Ausbeute beträgt nur 0,02-0,03 Prozent. 1 Tonne Rosenblüten liefert maximal 200-300 g Rosenöl. Die Hauptpflück- und Erntezeit der Rosenblüten ist morgens von 4 Uhr bis um 9 Uhr. Je nach Temperatur wird bis etwa 11 Uhr geerntet. Später verringert sich der Ölgehalt der Blüten aufgrund der ansteigenden Temperatur. Gegen Mittag haben sich schon etwa 30 - 40 Prozent und gegen Abend etwa 70 Prozent des Rosenöls verflüchtigt.

Die weitere Verarbeitung der Rosenblüten erfolgt in Kesseln, die bis zu fünf Tonnen Blüten aufnehmen. Die Blüten werden mit der vierfachen Menge von entmineralisiertem Wasser eingeweicht. Unter 1 bar Druck wird das Rosen-Wasser-Gemisch mit Wasserdampf von unten erwärmt und destilliert. Der aufsteigende Wasserdampf nimmt die duftenden Bestandteile der Rosenblüten auf, steigt nach oben und wird dann in die Kühlschlange übergeleitet, wo er kondensiert. Das Kondensat sammelt sich als sog. fettes Wasser in Form einer milchigen Flüssigkeit am Boden. In ihm sind wiederum etwa 300 Gramm des sog. grünen Öls enthalten.

Das grüne Öl ist die konzentrierteste und hochwertigste Form des ätherischen Rosenöls und verströmt einen intensiven Duft nach frischen Blüten. Der Restbestand an fettem Wasser wird in einem weiteren Arbeitsschritt erneut destilliert. Hierbei entstehen aus dem fetten Wasser weitere gelbes Öl, ein Öl mit etwas geringerer Konzentration und schwächerem Rosenaroma. Zusammen mit dem grünen Öl wird es dekantiert und danach filtriert. Als Ergebnis der Wasserdampfdestillation erhält man ein Destillat aus rosenölhaltigem Wasser, dem Rosenwasser und dem obenauf schwimmenden reinen Rosenöl.

Ein Hauch von Rosen

Rosen tropfen
Öl in den Windhauch
der durch Fenster duftet

all das sanfte Befächeln
wird morgen im Sturm enden
und dein Herz sonnengelöst
kummert ins dunklere Blau

Rose, Wahrhaftige

Rose, Wahrhaftige
reinen Anschauens Vergnügen
aufgegangener Zauber aus Kronblättern

nicht abzuwehren dein Duftkuss
du wirst ein Beispiel dem Unberührten
der aus dem Nichts entspringenden Kraft

Schalen die uns die Zeit wachsen ließ
verbrennen im Feuer deiner Sinne
wahrhaftiges das Leben beginnt

Oh Rose

Oh Rose
zärtlicher Fächer aus Blütenblättern
wieder und wieder
duftest du mir zu
die Süße zu trinken
die du verströmst

doch nehme ich dich auf in mir
umfasse deinen samtenen Leib
bist du wehrhaft
mit deinen Stachelzacken

Oh Rose
unnahbar Schöne
deine Reinheit
macht mich atemlos

Rosenalarm

Junigeflüster
Rosenaroma im Wind
Herzfieberalarm

Rosa canina
betörender Duftzauber
Schmetterlingswirbel

ach Edelrose
Urzeitgewächs nimmer müd
wird dir der Frühling

Dufthimmel

Sonne hat mir
ihr goldenes Tablett gereicht
voll luftiger Wärme

ich betupfe mich mit ihr
streiche ihr Parfum
an meine Schläfen

Sommeraugen schweifen
blinzeln gelbgesättigt
über Mohnblüten

duftvoller noch
wehen Damaszenerrosen
den Himmel zu

Hundertblättrige
sucht das Bienenvolk Honig
für alle Fälle

Aufgeblüht ranken
Wildrosen um Rundbögen
Versteck der Bänke

Rosen Wolken Luft
Regentropfen perlen ab
Duft in den Augen

Liebeszauber Rose

Keine andere Blume ist symbolträchtiger als die Rose. Sie verkörpert die Liebe in vielen Facetten und spricht eine eigene Blumensprache. Sie ist das Liebes-Symbol der Flora überhaupt.

Die griechische Sagendichtung beschreibt, wie Aphrodite, die Göttin der Liebe, aus dem Meeresschaum mit einem Geleit aus weißen Rosen entstieg. Rot wurde die Rose erst, als Aphrodite zu ihrem sterbenden Geliebten Adonis eilte und dabei in die Dornen der Rose trat. Ehemann Ares tötete tötete den Nebenbuhler, als er davon erfuhr. Das Blut färbte die weißen Rosen rot.

Auch Eros, die Grazien und Musen dienten als Rosenvergötterungen, ebenso war die Rose dem Dionysos geweiht und erscheint daher als Schmuck der Gastmähler. Kleopatra soll ihre erste Liebesnacht mit Antonius auf einem Rosenteppich vollzogen haben.

Der Liebesgöttin Freya weihten die Germanen die Rose. An heiligen Plätzen wurden Heckenrosen gepflanzt. Nur am Freitag, dem Freya-Tag war es gestattet, die Rosen für Heilzwecke zu pflücken.

Als Eva aus dem Paradies vertrieben wurde, soll sie heimlich eine Rose aus dem Paradiesgarten mitgenommen haben. Fortan blühte sie in der irdischen Welt weiter.

Im Mittelalter war der Rosengarten ein Code für erotische Wonnen. In den sog. „Rosengassen" war die Liebe käuflich. Wer dort verkehrte, wurde Rosengässler genannt. Die Etablissements der Freudenmädchen wurden Rosenbad oder Rosenwinkel genannt.

Wer eine Rose überreicht, legt damit zugleich ein Liebesgeständnis ab. So wirft Carmen in Bizets Oper einem Offizier eine Rose zu. Im Rosenkavalier von Hugo von Hoffmannsthal wird der junge Octavion als Brautwerber mit einer Rose zu der jungen Sophie geschickt. In Tirol schenkt der Bräutigam auch heute der Braut noch Rosen. In

Frankreich wirft die Braut am Hochzeitsmorgen Rosenblütenblätter in einen Teich oder einen Fluss als symbolischen Abschied von ihrem Mädchendasein. Der zehnte Hochzeitstag ist übrigens die Rosenhochzeit. Während andere Blumen bzw. Blüten meist nur eine Bedeutung haben, variiert die Bedeutung von Rosen je nach Farbe und Anzahl. Eine rote Rose sagt, ich liebe dich, ein Strauß von zwölf roten Rosen gilt als ultimativer Liebesbeweis, fünfzig rote Rosen besagen, ich bin dir bedingungslos zugewandt. Zehn rote Rosen sagen Danke für alles und fünfundzwanzig bedeuten Herzlichen Glückwunsch.

Die Farbe der Rose hat ebenfalls etwas zu sagen. Rosa Rosen bedeuten Schüchternheit, Jugend und Schönheit. Gelbe Rosen hingegen zeugen von Eifersucht, Neid und Untreue, können aber auch tiefe Verehrung bedeuten. Weiße Rosen sprechen von Leidenschaft, Unschuld, Reinheit, platonische Liebe, Treue und Zustimmung aber auch Entsagung. Sie gelten auch als Totenblumen. Karminrote Rosen zeigen Trauer.

Blaue Rosen bedeuten etwas Unerreichbares. Die Züchtung einer blauen Rose ist bis heute nicht wirklich erreicht. Die angesehene Rosenzüchterfamilie Frankreichs Meilland erreichten dieses Ziel in einer blauen Rose mit Namen "Charles de Gaulle". Ihr Duft kann als ein raffiniertes Gemisch aus dem süßen Duft der modernen Damaskus-Rose und dem sanften teeartigen Duft der Teerose beschrieben werden. Doch ist die Farbe der Rose eher violett als blau. In der Literatur wurde die blaue Rose als Ausdruck der Sehnsucht eines Romantikers nach einer vollkommenen und heilen Welt gedeutet. Hingegen ist die schwarze Rose eine Ahnung, dass der Beschenkte in absehbarer Zeit bei einem Unfall sterben wird.

Blüht in aller Stille
zärtliches Rosengesicht
glüht die Blütenfülle
dir als ein Liebesgedicht

Das geöffnete Gedächtnis

Das geöffnete Gedächtnis
übt den Sternentanz

ehe wir flüchten
erwartet uns die Nacht

Mond schweift umher
in den Farben der Rosen

Frühlingsliebe

Zauberin, ruf deine Engel herbei und fülle die Köcher,
liebklar der Himmel, federwolkenleicht und beginne,
Pfeile zu spitzen, Bögen zu spannen zum treffenden Schuss.
Längst hat der Frühling Gelichter geweckt, verschenkt
                                          jene Rose,
welche Herzblatt für Herzblatt, liebsüß getränkt, uns
                                    schon taumeln lässt.

Sommerrosen

Lass uns Rosenranken flechten
Rosenranken blühende Duftbögen
lass die Tage dieser Jahre
allen Liebens Eingang sein

Lass umweben uns mit echten
Himmelsblicken glühend wir flögen
in den hellen Raum das Wahre
wäre Glanz im Widerschein

Lass uns wiegen und besiegen
was uns hindert alles wir vermögen
uns an Sommerrosen schmiegen
und vom Trennenden befrein

Rosenstolz

Niemandes Seelenplatz zu sein
sticht der Dornbusch
lockt verführt verspricht

wirft mit Duftwolken um sich
spinnt Hauch für Hauch
Liebesnetze

weiß sich nicht zu beugen
der Schwerkraft des Herzens

nur Betörung und Stolz
Rosenholz

Rosentöne

Rosentöne dornenumwoben
spielen himmelwärts mit blauen Fahnen bald schon
leihen Kräfte einer verwelkten Blüte
Farbe und Haltung

Endliches Leben

Rosenbögen rankende Blütendüfte
strömen lichtwärts samtene rote Blätter
liegen ineinander wie viele Jahre
Tage für Tage

Einer nach dem anderen wird vergehen
löst sich ab von allem was reifte eingeht
Dorn um Dorn ins Herz was dich zärtlich koste
färbt das Vergangne

Einmal spürst du jeglicher Zeit nach sehnend
hinschaust siehst und fühlst in dir so wie damals
aller Liebe Zauber bevor du hingehst
endliches Leben

Schattenblau

Wir haben uns und haben uns nicht.
Was liegt dazwischen?
Im ausgezehrten Sonntagsbraten
wächst das Glück nicht,
vielleicht im knusprigen?

Das was uns erfüllt,
ist die Suche nach Zwischenräumen,
dem Schattenblau, das Freiheit erlaubt,
eine Freiheit, jenseits des Gesellschaftlichen,
des Hingebogenen, des Kampfes um Macht.

Das Leben im Schatten ist reich an ungiftiger Luft.
Wir tragen keine Masken mehr.
Die Tücher sind gewebt, einfach nur gewebt,
um uns Wärme zu spenden, wenn wir sie brauchen.
Dieser Wein, ein bitterer Kelch alltäglicher Ellbogen,
geht so vielleicht an uns vorüber.

Wir sehen das Kreuz, die ausgestreckten Arme
und schaudern den Schmerz, den der Vater
von uns verlangte. Hatten wir je eine Wahl?
Gab er uns nicht das Wollen und den Willen?

Nehmen wir an, Gefühle seien die Rose des Sommers.
Wer würde sich ihr nicht zuneigen?
Und Gott, wollte er uns im Stachelfeld?

Lasst uns nach neuen Rosen suchen,
Rosen, die duften, ohne zu stechen.
Einen Rosengarten lang könnten wir uns lieben.

Falsche Rosen

Verspreche nicht die falsche Rose.
Mit ihren Dornen sticht
sie ins Blut, das zerfällt,
alles erstickt.

Entträumt ziehen Wolken
übers Land, das vertrocknet,
von Rissen durchwebt,
dir allenfalls den Winter lässt.

Hart schmeckt die Erde.
Umgraben zu neuen Ähren
braucht's Pflüge und Licht.

Verspreche die falsche Rose nicht!

Amorette

Amorette, Amorette,
in den Lüften schwingt dein Charme.
Aus den Düften schlägt Alarm
Herztakt, tropft aus der Pipette
heißes Blut und die Motette
zärtlich spielt. Die Pirouette
dreht im weichen Rosenbette
ehrfurchtsvoll der Liebe Schwarm.

Wie viel Dornen
trägt der Mond
wie viel Schatten
wirft die Sonne
wie viel Schwermut
die Liebe

und doch blühen Rosen
in unschuldiger Zartheit

Unstimmig

auf meinen Fingern
brennen noch Rosen
in meinen Augen
bricht sich dein Licht
in meinen Adern
stolpert der Puls
ob deines taktlosen Gesangs
verschlug es mir
stimmlich und wörtlich
den Reim, den einst
dein Flüstern mir bracht

Gleichung mit zwei Unbekannten

Am Horizont sehe ich
Frühlingsknospen
irres Licht
das nicht blendet
atme Düfte von grünen Wiesen
Maiglöckchen und Wildrosen

Ein Strauß voll Zärtlichkeit
auf deiner Fensterbank
Gesang des Sonnenvogels
öffnet nicht die Flügel
um hinaus zu schweben
wir finden nicht
den Wein der Betrunkenen
das Rot der Baccara

Mit dem Einfall der Schatten
verblasst der Sommer
mit seinen hellen Winden
Dunkelheit, die zusammenführt
ungelöste Gleichung
mit zwei Unbekannten

Abschied

Musik, die noch flehend stirbt
taumelt in Erinnerung
Odem eines Veilchens Sterben
flieht ohn' Sinn
es muss verderben

Geht hin wenn die Rose stirbt
wird Flaum wird Flaum
für ein geliebtes Bett
bedenk den Traum
denn du gehst fort

Liebe stirbt
wird schlafen
schlafen
Liebe stirbt
wird schlafen
schlafen
dort

Gedicht kann auf die Melodie „Music when soft voices die" von Henry Dixon Cowell gesungen werden.

Oh Danny Boy

Oh, Danny Boy, die Pfeifen, Pfeifen singen
von Tal zu Tal, vom Gipfel weit und breit.
Wenn all die Rosen welk, Sommer verklingen,
bist du, bist du weit fort, mein Herz ist voller Leid.

Kommst du zurück, wenn Sommerwiesen blühen
oder die Täler still schweigen im Schnee.
Ich wart auf dich, ob Schatten, Sonnen glühen.
oh Danny Boy, ich wart, bis ich dich wiederseh'.

Kommst du erst, wenn verstummt die Vogelkehle.
Wenn ich gegangen bin aus dieser Zeit,
findet dein Herz den Ruheort der Seele,
bete für mich ein Ave und gebenedeit.

Hör ich dein Wort, die Stimme wird mich wecken,
alles wird leicht und süßer als vorher.
Sprich mir von Liebe durch die Rosenhecken.
Oh Danny Boy, ich weiß, wir lieben uns so sehr.

Gedicht kann auf die Melodie „Londonderry Air", eine irische Volksweise, gesunden werden. Originaltext stammt von Frederic Weatherly 1910.

Abschied und Anfang

Verdorrt die Rose, verstummt der Wind,
die Blätter liegen am Boden.
Ein Vogel irrt durch den Nebel blind,
im Schnabel die letzten Rhapsoden.

Fort, fort ist das Liebeslied,
dein Herz ging fort auf Reisen,
müd, müd ist das Himmelskind,
die Sonne will nicht mehr kreisen.

So kalt ist mir, so leer mein Sinn,
so trist das Land im Schweigen.
Das Sterben kommt vor dem Neubeginn,
das Leben muss sich erst neigen.

Weiß, weiß fällt herab der Schnee,
verloren sind alle Farben.
Wann, wann blüht der erste Klee.
Mein Herz, mein Herz muss darben.

Doch kommt zurück das Sonnenlicht,
beginnt der Blüten Strahlen.
Kommst du zurück, wenn das Eis zerbricht,
im Herzen die Feuer malen.

Weit, weit geht der Himmel auf,
vorbei die Nacht, es will leben.
Schau, schau in den Sternenlauf,
zur Sonne will alles hinstreben.

Gedicht kann auf die Melodie „Greenleeves", einer englischen Volksmelodie aus dem 16. Jahrhundert, gesungen werden.

Im Namen der Rose

Rosen verkündeten auch politische Botschaften. Der blutige Bürgerkrieg um den Thron der rivalisierenden Häuser York, mit der weißen Rose im Wappen und Lancaster mit der roten Rose im Wappen, dauerte von 1455 bis 1487. Er ging als "Rosenkrieg" in die Geschichte ein. Das blutige Drama, in dem das Haus Lancaster siegte, kostete drei Königinnen das Leben. Schließlich vermählte sich Heinrich VII., ein Angehöriger des Hauses Lancaster, 1486 mit Elisabeth von York. Er vereinigte durch diese Vernunftheirat die beiden Häuser zu einer Großfamilie Englands. Das Wappen bestand danach aus einer weißen Rose, auf die eine rote Rose gelegt wurde, die heutige Wappenrose des englischen Königshauses, die sog. "Tudor-Rose". Die Züchtung der weißrot gestreiften York and Lancaster Rose besiegelte die Einigung.

Als „Weiße Rose" machte eine Widerstandsgruppe gegen den Nationalsozialismus Geschichte. Bis heute ist die Rose ein Symbol der Arbeiterbewegung. Die rote Rose wird als Logo von der Sozialistischen Internationalen und von anderen sozialistischen und sozialdemokratischen Parteien und Verbänden international verwendet.

Rosen künden von Liebe, Kampf und Ruhm. Sie können aber auch ein Zeichen der Verschwiegenheit sein. Davon zeugen geschnitzte Rosen an Beichtstühlen oder die Rosensymbolik von Geheimbünden, wie den Rosenkreuzern, einem evangelisch-christlichen Esoterikerbund der Renaissance. Das Symbol des Rosenkreuzes ist eine fünfblättrige Rose in einem Kreuz, ähnlich dem persönlichen Siegel Martin Luthers, der weißen Martin-Luther-Rose. Rosenkreuzerverbindungen gibt es auch heute noch.

Aus der Antike ist die Redensart „sub rosa dictum" überliefert, was besagt, „alles unter der Rose Gesagte" unterliegt der Verschwiegenheitspflicht.

Verbindet man jeweils die Spitzen der übernächsten Kelchblätter einer Heckenrose miteinander, erhält man den Drudenfuß, das mystische Pentagramm, ein uraltes Zauberzeichen, das geheime Symbol, welches das Verständnis vom harmonischen Gefüge des Menschen und des Weltalls hütete. Deshalb wurde die Heckenrose, die so sorgsam ihr Knospen-Heiligtum vor der Außenwelt abschließt, zum Abbild des Geheimnisvollen und Verschwiegenen. Schließlich wurde diese Symbolik auf alle Rosen übertragen.

An diese Art von Abkommen erinnern Stuckrosen an den Decken vieler Räumlichkeiten. Sie befanden sich ursprünglich über der Mitte eines Tisches, an dem vertrauliche Gespräche geführt wurden. Im Hochmittelalter brachte man Rosenbilder auch in Weinstuben und Ratssälen an, um dort in abgeschlossener Vertrautheit miteinander zu reden. Manchmal hing auch nur eine frische Rose symbolisch an der Tür des Stadtrates, um das "sub rosa" anzudeuten. In England ist es Brauch, ein Schwert auf einem mit Rosen übersäten Tisch zu legen, wenn der Rat zur Wahl des Bürgermeisters von London zusammentrifft. Auch der Schriftsteller Umberto Ecco spielt in seinem Roman "Im Namen der Rose" mit dieser Symbolik.

Im "Narrenschiff dichtete Sebastian Brandt: *„was wir hier kosen, bleibt unter den Rosen."*

Und Goethe schrieb:

Niemand beichtet gern in Prosa
doch vertrauen wir oft sub rosa
in der Musen stiller Hain

Unter den Rosen

Wenn auch Sternengries noch flimmert mondsüchtiger
Dunkelfall hat die Versammlung der Vögel schon einberufen Stare Finke Nachtigallen warten auf den Kuckucksruf
im Vergehen letzter Venussplitter wirft die Schleiereule
zartes Rosa ins Gesponn

tagt Licht sich in Baumkronen in Höhen in denen Erinnerung ein Traumbild ist Zeiträume entsprungen unseren
Wünschen flüchtigen Gedanken Kinderspiele die wir in uns
tragen Reden die Eingang finden wenn sie Herzlichkeit simulieren

lebenslange Täuschung an der wir leiden wenn wir die
Worte des Lexikons wörtlich verstehen Wirklichkeit die
uns einholt wenn wir uns einholen lassen vom Gestammel
der Dämmerung vom Lotfall des blauen Gerichts

wir die wir uns stürzen in die Verwirbelungen des Lichts
uns den aufziehenden Verblendungen nicht entziehen
werden staunende Stimmen die im Mehrklang Loblieder
singen zur scheinbaren Freiheit die beirrt

wie kann ich sie vergessen Stunden voller Worte die meine
Träume stets aufs Neue beschworen lass mich ausruhen
Seele meine kindliche Vernunft dicht unter den Rosen bis
nur noch das Schweigen spricht

Oktober

Noch Grün durchmischt mit Rot und Gold Belaubtes.
Das Asphaltgrau gewinnt an Herbstes Farben.
Er streckt den Arm. Es ziehen Astes Narben
den Grat in uns're Seel', der Schwerespur Erlaubtes.

Und bricht und flieht der Stimmen jäh Ertaubtes,
verwaisen Nester und die Kronen darben.
Wo Klänge hell und zärtlich sie umwarben
zerstäubt das Licht, des Himmelszeig Geraubtes.

Der Regen fällt, er prasselt auf die Scherben.
Was lange Zeit gereift wird müh'los sterben.
Wo Rosen blühn muss vor dem Duft verneigen

die letzte Stunde sich vor dem Entfärben.
Ein grauer Tag wird ihren Tod beerben.
Und was Bestand gehabt, das wird sich zeigen.

Im Garten

Ich grabe meinen Garten um
im aufstrebenden Oktober
versetze Statuen und Monumente
als wäre er ein öffentlicher Park
bewundert begehrt ersehnt

Dabei wachsen nur widerstandsfähige Pflanzen
bieten Käfern und Insekten
Unterschlupf im Unterholz

Das ist der Herbst aller Dinge:
säubern ausputzen zurückschneiden
Laub schäufeln aufhäufeln
über empfindliche Hölzer
Zwiebeln setzen und Knollen bergen

Vor dem Frost rüste ich noch einmal auf
mit allen Farben die der Herbst zu bieten hat
Winterheide Astern Georginen

versorge die verbliebenen Gartenbewohner
mit Futterhäuschen und Wassertränke

jetzt wo grün auf dem schwarzen Boden
sich mit rot und gelb vermischt
hat die Rose ihr Haupt geneigt

sie verschweigt alle Gespräche
und vertagt sich mit Hagebutten
ins nächste Jahr

Überreste

Aus der schönen Zeit, schreibt mir ein Bekannter,
seien die getrockneten Rosen auf dem Klavier
und die verpackten Bilder auf dem Dachboden geblieben,
da oben, wo sie keiner mehr sah, sehen wollte.
Die Teppiche der Großmutter seien abgeholt,
all ihre Sammlungen im Keller verstaut,
die letzten ihrer Utensilien auf dem Flohmarkt
angepriesen. Sie hätten hohe Preise erzielt.

Jetzt entrümpele er seine Eigenheiten,
obschon die restlichen Überreste der Dahingegangenen
das Haus verstopfe. Doch trennen könne er sich nicht davon.
Dafür müsse er seine Überreste zu Grabe tragen.

Allem voran sein Glaube an die Erneuerung
und die Unwichtigkeit des Unwichtigen.
Gerade diesem gehöre seine ganze Aufmerksamkeit.

Denn könne das von niemandem Gesehene
unbemerkt vernichtet werden? Aus Gedankenlosigkeit,
aus Desinteresse, aus Unwissenheit?

Könne man dieses Vernichten vernichten?
Das Nicht-sehen-und-hören-wollen?

Wenn er seine Überzeugungen nun
beerdige, dann nur aus Liebe.

Aus welcher Liebe, fragte ich ihn?
Worauf er zurück schrieb,
aus Liebe zu den kleinen Dingen des Lebens.

Schließlich sei das Große lediglich
eine Anhäufung des Kleinen.
Und diese unwichtigen Kleinigkeiten
gestalteten sein ganzes Haus.

Mein Kuss an die Zeit vorüber

im Maientakt schlägt jeder
Rosensammler mit Schmetterlingsflügel
bunt ach wie bunt die Iris
der Sonnenwende nahe dem Herbst
und das Saftige erhärtet braunhart
sammelt der Novemberwind Reste
einer verblühten Chiffonbluse unter
dem Kunstlicht entfaltet Gesicht
der Erinnerung im Loch der Netzhaut
geblendet aber vielleicht gespiegelt
unvoreingenommen die Jahre
Tropfen für Tropen

Im Zweifel

das wachstum der gärten
scheint wirtschaftsgerecht
weise bescheiden zuwachsraten
im ahorn nisten schon fliegen
schwarz schmarotzend
den schatten der kronen

manche wettervorhersage
bescherte wolkenverhau
es hagelte auf die fruchtbaren böden
zerstört die jungen triebe

kursverluste der pfingstrosen
blüten der schattengewächse
treiben hochkonjunktur

Heilpflanze Rose

Die heilende Wirkung des Rosenbalsams pries im 6. Jahrhundert der Lyriker Anakreon von Griechenland an. Er beruhige den in Agonie schlagenden Puls. Eine Variante der Gallica-Rose, der Apothekerrose, botanisch Rosa Gallica Officinalis, war schon in der Antike bekannt.

Das mittelalterliche Europa schätzte die Rose als Heil- und Kosmetikpflanze. Vom Städtchen Provins nahe Paris ging sie in alle Welt. Mönche, Gärtner und adeligen Frauen, retteten die Rose über die Zeiten. Ihre endgültige Wiederkehr verdankt die Blume der Landgüterverordnung Karls des Großen. Sie regelte den Anbau bestimmter Heil-, Gemüse-, Obst- und Zierpflanzen.

Paracelsus, Theoprastus Bombastus von Hohenheim, der von 1493-1541 lebte, bekundete: Das Herz und die Rose sind das einzig Unvergängliche. Am Hildesheimer Dom soll die älteste Rose wachsen. Der so genannte „tausendjährige" Rosenstock nahm häufiger Schaden, erholte sich jedoch immer wieder. Und so blüht er heute noch. Er ist das Wahrzeichen der Stadt Hildesheim.

In einem Kochbuch von 1547 steht: „Rosenhonig sterket und reinigt den magen/von böser feuchtigkeit/reiniget und heilet gschwer/Feul und Schaden des Munds/Zahnfleisch/Hals und Gurgeln." (vgl. „Koch- vnnd Kellermeisterey .. (etc.)" – Rosen Honig zu machen, auf Seite 131, gedruckt in Franckfurdt am Mayn von Herman Gulfferichen, 1547 (Österreichischen Nationalbibliothek).

Im 17. Jahrhundert attestierte man der Rose, dass getrocknete rote Blütenblätter als Tinktur oder Pulver schwere Menstruationsblutungen, Bluterbrechen und andere Blutungen lindern. Rosenaufgüsse in Wein wurden gegen Kopfschmerzen, Zahnschmerzen, Augenschmerzen, Ohren-, Hals- und Zahnfleischschmerzen, bei Schmerzen im Bauchbereich und der Gebärmutter verwendet.

Auch Walahfrid Strabo und Hildegard von Bingen beschrieben die Heilanwendungen der Wildrose. Sebastian Kneipp empfahl Hagebuttenaufkochungen bei Nieren- und Blasenleiden oder Magenkrämpfen. Früher wurden frisch vom Strauch gegessene Hagebutten samt den Kernen auch zum Abtreiben von Bandwürmern gegessen.

Im medizinischen Bereich werden heute die Weinrose, botanisch Rosa rubiginosa und ihre Hybriden und die Hundsrose, botanisch Rosas canina und ihre Sorten verwendet. Kaltgepresstes Hagebuttenkernöl wirkt gut bei Brandwunden zur Narbenrückbildung. In der Pharmazie und Medizin wird es heute vor allem zur Behandlung von trockener, schuppiger und rissiger Haut eingesetzt. In 100 ml Hagebuttenkernöl sind etwa 47 mg α- und β-Tocopherol enthalten. Auch in der Kosmetik wird Hagebuttenöl in Cremes und Salben verwendet.

Hagebuttenöl ist auch als Lebensmittelöl aufgrund der vielen essenziellen Fettsäuren wertvoll für die Gesundheit. Hagebuttentee hilft aufgrund des hohen Vitamin-C-Gehalts vor allem gegen Erkältungen. In den letzten Jahren hat die Forschung gezeigt, dass Rosenblüten die Vitamine A, C und P enthalten und medizinisch beim Abbau von stress-bedingter Müdigkeit, Schulternsteife, Schlaflosigkeit, Magenschmerzen und Nervosität wirksam sind.

Die Aromatherapie nutzt Rosenöl heute vor allem bei Frauenkrankheiten und zur Hautpflege. Der Rosenduft soll bei Kummer, Enttäuschung, Angstzuständen und Stress helfen.

Dornröschen

Rosa rubiginosa
Parkwächterin
in deiner Verborgenheit
verberg ich mich

rosa rubiginosa
undurchdringlicher Stachelzaun
Geheimnisträgerin
in dir verschweig ich mich

rosa rubiginosa
im Karminrosa deiner Kronblätter
verwässert das Blut Gestochener

Rosen duften schon
doch du steckst deine Nase
in Bitterkräuter

Rosenblüte

Wie aus grünen Schattenrissen
sich die Knospe überbeugt
zaubrisch hat sich losgerissen
ihre Blüte dornbezeugt

Blatt für Blatt entzückte Röte
Farbenspiele ungezählt
Herz für Herz sich überböte
wenn das Glück sich's auserwählt

hingegeben diesem Schönen
trifft die Rose tief ins Mark
will sich alles mit ihr krönen
Liebesblume Rosenpark

Rosenhymne

Rosenherz lass funkeln
deines Leuchtens Liebesspiel
hüll mich ein in Blütenseide
deinen Blätterstil
trage dieser Düfte Balsam
meinen Sinnen auf
atme dich in meinen Atem
wiege mich hinauf

Königin des Lichts du
Seelenglut berühre mich
tief in allen Schichten
dass mir 's glücken kann durch dich

spüren will mein Herz
das deine trinken deinen Hauch
dass dein zärtlich Übersinnen
nimmermehr verrauch

Herbstspende

Eichelzeit
Septemberlaute fachen dich an
Windhände
drehten den Ring
aufs fingrige Blatt

Rehe auf dem Sprung
dicht im Gebüsch
Gedräng der Ricken und Kitze

ach du mein Septemberlaut
kling mir vor Blätterrauschen
Taugeschmack

all die Waldfrüchte die des Lorbeers
Tollkirschen, Vogelbeeren auch

des Tals Röte
Sonnenfluten
lichten mich ein
mit blauen Stunden
weißem Wolkengelock

Rosen spenden
Hagebuttentee

Zauberblume Rose

Als die Blume der Weisheit und als Bild des klaren Geistes etablierte sich die Rose in der Alchimie. In leicht gefüllten Rosen mit sieben Blattreihen erkannten Alchimisten die sieben Planeten mit den dazugehörigen Metallen und das Geheimwissen. Noch heute wird von Esoterikern und Mystikern der Rose eine besondere Bedeutung beigemessen. Früher glaubte man, Gesindel fernzuhalten, in dem man drei rote Rosen in einen Kräutergarten pflanzte. Der Aberglaube war weit verbreitet. Gegen die Verhexung der Milch half es, mit einer Hagebuttenrute ins Feuer zu schlagen. Hagebutten boten generell einen Schutz gegen die Behexung.

In den nordischen Ländern vergruben die Hebammen aus Dankbarkeit für den Beistand bei schweren Geburten nach gutem Verlauf die Nachgeburt unter dem Rosenbusch der Hundsrose. Sie war der Fruchtbarkeitsgöttin Frigga geweiht war. Der Teufel ist für die Kletterrosen verantwortlich. Er soll auf den dornigen Stacheln in den Himmel aufgestiegen sein.

Verursacht durch die Rosengallwespe findet man an Wildrosen zuweilen den Schlapfapfel, botanisch Diplolepis rosae, auch Rosenapfel oder Rosenschwamm genannt. Diesen legte Odin der Sage nach unter das Haupt der Brunhilde, damit sie entschlief. Noch im Mittelalter sollte er Schlaf bringen, wenn "behexte" Kinder nachts weinten. Auch den Rasenden, den Geisteskranken wurden die Rosenäpfel zur Beruhigung unter das Kopfkissen gelegt. Und deshalb hat wohl Dornröschen 100 Jahre geschlafen.

Die Schneerose galt wegen ihrer Blüte zur "Heiligen Zeit", dem Christfest, als heilig. Ihr schrieb man ganz besondere Kräfte zu, z.B. böse Geister austreiben zu können oder die Pest zu heilen. Der griechische Gattungsname Helleborus niger setzt sich zusammen aus Helein für töten und bora für Speise, was darauf hinweist, dass der Verzehr tödlich wirkt. "Niger" weist auf die schwärzlichen Wurzeln hin. Als Zauberpflanze wurden ihr eine Reihe magischer Wirkungen nachgesagt. So soll sie Hexen, die ein Stückchen der Pflanze vor ihre Füsse streuten, unsichtbar gemacht haben.

Die Christrose ist wegen des bitteren, stark herzwirksamen Glykosids Helllebrin und des Saponins Helleborin sehr giftig. Die Vergiftungssymptome Schwindel, Durchfall und Kollaps ähneln denen einer Herzglykosid-Vergiftung. Weitere Giftstoffe wirken haut- und schleimhautreizend. Im Wurzelstock ist die stärkste Hellebrin-Konzentration zu finden. Vergiftungen durch Schneerosen sind deshalb eher selten beobachtet werden. Das Pulver der Wurzel wurde früher als Niespulver (Schneebergers Schnupfpulver) verwendet. Die schwarzbraunen Wurzelstöcke wurden als Herzmittel und harntreibendes Medikament genutzt. Allerdings wiesen bereits im 16. und 17. Jahrhundert Kräuterbücher auf die Giftigkeit sowie auf die Gefahr einer Überdosierung dieser Pflanze hin. So heißt es: „3 Tropfen machen rot, 5 bringen den Tod." In der Volksmedizin findet die Schneerose als Brech- und Abführmittel Verwendung.

Die deutsche Bezeichnung Christ- oder Schneerose bezieht sich auf die Blütezeit im Winter. Die Christrose wird auch Nieswurz oder Schneerose genannt. Es gibt sie in über zwanzig Arten. Christrosen gehören zur Familie der Hahnenfußgewächse und sind immergrün. Als besonders wertvolle Gartenstauden sind sie sehr langlebig und entwickeln sich im Lauf der Jahre zu großen, reichblühenden Horsten. Die eigentliche Christrose, Helleborus niger, blüht um die Weihnachtszeit. Ab Februar blüht die immergrüne Art, Helleborus foetidus. Die bereits im Altertum angewandte und gegen geistige Verwirrtheit genutzte und geschätzte Pflanze hat ihre Berühmtheit dem Umstand zu verdanken, dass angeblich ein Ziegenhirt damit die Töchter des Königs Proitos von Argos vom Wahnsinn geheilt haben soll.

Auf dem Land galt die Christrose als Orakelblume. Man stellte in der Weihnachtsnacht zwölf Blütenknospen der Christrosen ins Wasser. Jede Knospe bedeutete einen Monat. Je nachdem, wie sich die Knospen öffneten, las man daran das

Wetter des kommenden Jahres ab. Geschlossene Knospen bedeuteten schlechtes, offene gutes Wetter. Ein anderes Rosenorakel besagt: Wenn Liebende Rosenblätter in den Bach werfen und zwei dieser Blätter miteinander fortschwimmen, ohne sich zu trennen, so werden sie bald heiraten.
Die Schneerose steht auf der Roten Liste der Bundesartenschutzverordnung und ist deshalb besonders geschützt. Die Christrose heißt in Österreich auch Schneebleamal, Märzenkaibl oder Krätzenblum. Regionale Bezeichnungen sind Brandwurzel, Feuerwurzel, Frangenkraut, Gillwurz, Weihnachtsrose, Winterrose, Gliedkraut, Herzfreund, Leberkraut, Maiblume, Maichrut, Maikraut Möösch, Teekraut, Waldmeister, Waldtee.

Absinth und Ambrosia

hellviolette Ackerwinde klettert am Kraut
der Topinambur empor verstrickt sich
in den Korbblüten der Erdäpfel

im Versteck der Sonnenbank träufelt
Bitterkraut Wermutstropfen ins Gewächs
rosa Rosen schwelgen im Aperitif des Sommers

verströmen ambrosischen Balsam
für die Bienenköniginnen
auf der Nektarspur in den Blütenpfad

im Spalier der Stockmalven und Königskerze
herrscht Honigrausch

Flamenco am Wölfelsbrunnen

In der Sonnenlethargie säuseln gelbe Seerosen
vom Teichgrund kräuseln Halmschöpfe
leichte Wellen auf
im Wasserspiegel äugt ein Reiherpaar
kupfergrün
Steingänse stechen in See

Moos überhauchte Amphoren
angelehnt an Steinwacken
öffnen sich dem Himmel
der sein Lichtblau über die Meere schickt
für den Rhythmus andalusischer Stunden

im Flamenco des Frauenfarns
tanzt die Vogelbeere
Wacholderdrosseln rasseln den Takt
für die Zinnien
die zwischen Thymian und Hauswurz
gelbrot erzittern

eingewurzelt im Baumschatten
verwischt die Hitze der Erinnerung
ihre Spuren in den Wurzelschossen

Gewidmet Agnes und Werner und Himbert
Püttlingen, Beim Wölfelsbrunnen, 06.07.07

Gab Rosenwasser dir zum Trank

Wenn du ins Jenseits kommst beachte,
in was du dich verwandeln wirst.
Du solltest weder als ein Stern
noch als die Wolke wiederkehr'n.

Denn deine Mutter wartet auf dich,
dort an der Pforte, nichts verblich.
Gab Rosenwasser dir zum Trank,
du gabst mir dafür dein Gift.
Nimm nur das Kraut als Wurzelstück
und alles kommt zu dir zurück.

Zu singen auf die Melodie „Se pótisa rodóstamo" von Mikis Theodorakis. Originaltext von Nikos Gatsos.

Das Sterben der Feuerrose

Wir können nicht reifen
in geröteter Zeit

wenn das Licht ausblutet
entflammt die Auflehnung
der Vernunft
fiebert in den Urnen
des Verdrängten

wir kennen die Beisetzung
des Zufalls
das Sterben der Feuerrose
seit jeher

Lawinenwarnung

Es war immer dieselbe Lawine, die da oben am Gipfelkreuz des Rosengartenmassiv lauerte und den Skifahrern am liebsten auf den Kopf gesprungen wäre, so sehr ärgerte sie sich über die Ruhestörung in den Wintermonaten. Bereits ab Oktober rührte die Werbeindustrie so viele Trommeln, dass der Lärm bis hinauf in alle Gipfel drang und König Laurin, Gott hab ihn selig, sich wahrscheinlich die Tarnkappe über die Ohren gezogen hätte in der Hoffnung, sie würde nicht nur unsichtbar machen, sondern auch den Lärm abhalten.

In diesem Winter, dachte die Lawine, werde ich die Sonne anflehen, uns ein paar überzählige Strahlen vom Südpol zu schicken, damit der Schnee auf den Hängen und Abfahrten nicht lange liegen bleibt und die Gipfelspitzen in aller Ruhe ihre Schneeplatten und Eiszapfen pflegen können. Womöglich hätte dann der verschwundene Rosengarten König Laurins noch einmal aufgeblüht und alle mit ihrem lieblichen Aroma verwöhnt.

Rosenblüte im Eismeer, träumte die Lawine und tropfte voll Rührung vor sich hin. Die Vorstellung übermannte sie so sehr, dass sie das Weinen nicht mehr unterdrücken konnte und sie sich in Auflösung befand. Das kleine Bächlein hüpfte von Fels zu Fels, um sich in einen größeren Wildbach zu verwandeln, der sprudelte und sich durch alle Windungen des Gesteins hindurch schlängelte und schließlich irgendwo im Tal anlangte.

Jedenfalls wässerte er die Wiese, die ihn auffing und sich über die Feuchtigkeit freute, denn tatsächlich war bis in den Dezember hinein noch kein Schnee gefallen. Vom Blumenschmuck war nur noch die Winterrose übrig, die Nieswurz, die für so viele Dinge bei den Menschen herhalten musste. An diesem Tag jedoch labte sie sich an den Tränen der Lawine und entfaltete vergnügt ihre lieblich samtig-weißen Blütenblätter, stellte ihre Blütenstempelchen auf und blickte voll Dankbarkeit zur Felskrone der Rosengartengebirgskette auf.

Die Lawine aber, die von oben das gelbe Blinken vernahm, dachte, dass die Sonne den Stoßseufzer gehört haben musste und schwor bei Laurin, die Skifahrer aus Dankbarkeit von ihren Brüdern und Schwestern verschonen zu lassen. Die Christrose aber dankte der Schöpfung für die feuchte Gabe und faltete die grünen Blätter zum Gebet für das Jesuskind, das sie in diesem Jahr pünktlich zum Geburtstag mit ihrem Blumenschmuck würde erfreuen können.

Es kommen andere Ewigkeiten

Ich pflückte
rote Weintrauben
mit dem Saft
auf den Lippen
versuchte
zu küssen
dich zu trinken
trunken zu sein
in südlichen Tagen

die Nacht pflanzte
eine Wundrose
kelterte den Seim
unserer Zeit

du reichtest mir
ihren Trank
wissend
dass ich daran
sterben müsste

Meeresdämmerung

In der Dünung
die aus dem Nebelmund
Paläste entsunkener Nächte aushauchte

schoben Pinienäste das Grau
von den Lichtkuppen der Wolkenberge

Mond wob seine weißen Quellen
durch den Sternenstaub
die bleichen Dünenrosen fröstelten
unter verbläutem Gestirn

fernab den gewaltigen Weiten
erhoben sich erste Laute:

das Schnarren der Sandwürmer
das Schleifen der Meerzunge
der Balzruf der Tauben

unter dem Dämmerungsschleier
blinzelte die Sonne
wie das Rosa knospender Flechten

Das eiserne Herz

Traumbewegt küsste Ophelia das eiserne Herz,
malte ihr Weiß in den Rost seines Lebens
und lieh dem Geliebten ihr Seelenkleid.

Aus der Kälte entspross eine blutrote Rose,
die reifte auf des Wassers Wildhaut,
bis er sie erstickte in den Nächten des Blaus.

Lichtbruch

Ausgelaufene Schauer
tropfen von der Traufe
klopfen den Humus ab
der sich vor Abtragungen
unruhigen Winds
mit Grasfontänen schützt

in die Büsche geduckt
rötet sich das Auge der Dünenrose
klettert ins Blattwerk des Lorbeers
und verströmt sich
in der Farbdeuterei des Regenbogens

glauben muss ich der Brechung des Lichts
die Himmelstönung ist der Farben Aufgang

Blütenzauber

Eine 1945 gezüchtete Gartenrose namens „Madame A. Meilland," in Deutschland „Gloria Dei" genannt, bekam in den USA den Namen „Peace". Zur Gründungsversammlung der Vereinten Nationen fanden die Delegationsleiter aller Nationen eine Peace-Rose in ihrem Hotelzimmer vor. Die Weltrosenvereinigung zeichnet alle drei Jahre Rosen zur „Weltrose" aus. Sie erhalten einen Platz in der „Hall of Fame" der Rosen. In Deutschland richtet man sich bei der Einordnung der Rosen nach der Klassifizierung des Weltverbandes der Rosengesellschaften. Zeitlich unterscheidet man neben den Wildrosen "Alte Rosen", auch "Antike oder Historische Rosen" genannt und "Moderne Rosen", die jeweils viele Untergruppen bilden. Nach der Wuchsform, dem Habitus und dem Erscheinungsbild und ihrer Verwendung bzw. Verwendungsart spricht man von Wildrosen, Beetrosen, auch Rabattenrosen genannt, Strauchrosen, Kletterrosen, Bodendeckerrosen, Zwergrosen, auch Miniaturrosen genannt.

1948 begründete Wilhelm Kordes II. die Allgemeine Deutsche Rosenneuheitenprüfung ADR. Sie überprüft jedes Jahr 50 neugezüchtete Rosensorten in speziellen Gärten auf ihre Qualität. Während der drei Jahre der Prüfdauer wird vor allem auf die Gesundheit der Rosen geachtet. Aber auch Zierwert und Winterhärte sind von Bedeutung. Rosen, die im Gesamtmittelwert mindestens 73 Punkte und im Gesundheitsmittelwert mindestens 23 Punkte erhalten, kommen in die Auswahl. Die Vertreter der Prüfgärten stimmen darüber ab, welche Rosen die spezielle Bezeichnung „ADR-Rose" tragen dürfen. Das Gütezeichen ist ein Prüfsiegel und 15 Jahre gültig. Neben einem hohen Zierwert garantiert es auch eine besonders hohe Widerstandsfähigkeit gegenüber Krankheiten und abiotischen Schadursachen. Bisher wurden 1600 Rosensorten geprüft und 431 ausgezeichnet. 2022 wurden 36 neue Rosenzüchtungen geprüft und 5 davon prämiert. Es handelt sich um die Kleinstrauchrose 'Die Roten Teufel', die Edelrose 'Dornburger Schlossrose', die Kletterrose 'Lavender Siluetta®' und die Beet- und Strauchrose 'Little Drummer®'. Die fünfte Sorte hat noch keinen Namen.

Mitten in Paris im Bois de Boulogne liegt „Le Jardin de Bagatelle". Er ist einer der schönsten Garten von Paris und sicherlich einer der schönsten in Frankreich. Der Garten ist so prächtig, dass sein Name Bagatelle, also die kleine Nettigkeit, eigentlich gar nicht passt. Die schönsten Rosengärten und -museen in Deutschland sind:

Rosenmuseum in Bad Nauheim-Steinfurth,
deutsches Rosarium VDR im Westfalenpark Dortmund,
Palmengarten in Frankfurt,
Europa-Rosarium Sangerhausen,
Rosarium Glücksburg,
Europa-Rosengarten in Zweibrücken.

Sehenswerte Rosengärten gibt es aber auch im Saarland. Der Rosengarten im Deutsch-Französischen Garten, gegliedert in einen deutschen und einen französischen Teil, wurde von dem französischen Gartenarchitekten Jean P. Bernard geplant. Im französischen Teil werden ausschließlich Rosensorten französischer Züchter und im deutschen Teil deutsche Rosenzüchtungen gezeigt. Dem Züchter der bekanntesten Rose der Welt, Francis Meilland, war die Rosenschau 1960 gewidmet. Noch heute blüht im französischen Teil des Rosengartens 'Mme. A. Meilland', in Deutschland bekannt als 'Gloria Dei'. Der Landkreis Neunkirchen darf sich Rosenkreis nennen und im grünen Landkreis Merzig sind die Rosentage äußerst beliebt. Im Garten der Sinne ist er ab Mai Anziehungspunkt vieler Besucher.

Röschen

Röschen, Röschen, Stachelblümchen
duftest fein und zart
tausend Blätter sind dein Schößchen
bist ein Bienenbad

bist der Zaun vom Gartenpfädchen
bist der Bank ein Dach
bist dem Regenwurm ein Lädchen
wer nach dir greift wird wach

Röschen, Röschen, Stachelblümchen
jeder mag dich sehr
gibst Verliebten kleine Stößchen
für ein Küsschen mehr

Parkverständigung

Rosenstickereien im Deutsch-Französische Garten,
Gloria Dei im Aufwind dornenreicher Duftwälle.

Die Seilbahn rattert, unterbricht die Stille
des Ehrentals, Lachmöwen jagen ihr hinterher
wie Blässhühner der Wasserorgel.

Im Takt der Trommelwirbel Westfälischer Regimente
marschieren Kanadagänse und Moschusenten.

Die Tretbootflotte tanzt zur Feuerwerksmusik,
Kormorane stürzen in den Deutschmühlenweiher,
Schwäne flüchten in den Schattenhain.

Auf der Suche nach Glückshormonen
laufen Jogger der Zeit nach.
Nur die Parkeisenbahn zollt der Mittagsruhe Tribut.

Partituren des Regens

Die Partituren des Regens
waschen die Töne rein,
die langen Sätze des Sommers
fallen dem Wetter zum Opfer,
verdrehen sich,
hängen sich auf.

Das Blattgold grüner Geräusche
Farbe verliert im Verlust,
der Graukammer Schauerlieder,
wolkengesättigt im Abgang,
im schwarzen Boot,
spielen F-Moll.

Später lassen Rosen
den Hummelflug wieder zu,
öffnen sich huldsam duldsam
den Farben des Regenbogens.

Im Farbgewirr
schwirren Garben
aus Blütenährchen

Märchen hütet
das Knospengeklirr

Sommer

Die Klopfzeichen der Hölzer,
wer geht hier wohin?

Vergessen die Schuhe,
die trittfest jeden Untergrund
bezwangen.

Vögel fliegen auf Sonnenterrassen,
saugen Regenmeere leer,
fischen nach Fliegen und Würmern.

Im Thymian flattern Tagpfauenaugen,
Weißlinge küssen Schmetterlingsflieder,
Distelfalter laben sich im Rotklee.

Überblüht die Kletterrose,
aus dem Nektar stürzen
betrunkene Hummeln.

Garten der Sinne, Merzig

Rosengarten

Rosengestade
Insel voller Gefühl
nimmst auf die Gestrandeten
brennende Wunde wird kühl

Rose Seelenbalsam

in deinen Schonungen
blüht das Verlorene auf
dein Sinnen erfüllter Garten
ebnet den Liebeslauf

Rose Vollbringerin

dein weltentrücktes Leuchten
nährt verstummtes Lebensbeet
mit frischem Liebeskorn
Trauer verweht

Rose Liebesflaum

in deinem Glühen
entflammt loderndes Licht
seliges Taumeln
in deinem Blütengesicht

Rose Entzünderin
elegisches Seelentuch
Glutstätte

Rose Duftreigen
Essenz des Begehrens
Liebesöl

Rose Blütensamt
Purpurseide
Liebesbett

Blumenreime

Veilchen, die ein Weilchen
um den Schoss im Moos feilschen,
läuten den Frühling ein.

Rosen, die in losen
Hagebutten Putten kosen,
fruchten den Sommer ein.

Wicken, die an schicken Holzpergolen
Bohlen zwicken,
fangen den Herbstwind ein.

Immortellen, die verprellen
mit Lethe Beete,
formen das Leben ein.

Sommergarten

Körbe des Gartens
gefüllt mit Rittersporn und Oleander
gewürzt mit Rosmarin und Koriander

aufsteigt aus Beeten
aus Rosenstock und blauem Flieder
ein Lockruf ein bebendes Gefieder

als plötzlich unter Ästen
Trauer sich verbreitet bei den Gartengästen

es genügte Regenschauer dass die Idylle
sich verkehrte in den Laut einer Sibylle

Nach dem Regenfall
richtet sich die Rose auf
Bienenparadies

Lebensgarten

Milde waltet in des Gartens ew'gen Hände
Samen streut den Segen der Natur
in geistliches Gelände
einer weiten Heimat

ein Lebensbaum der ausgebreitet Wurzeln flicht
im Wüstensand der Früchte führt
in himmlisches Gelicht
und niemals ruht

Güt'ger Gott
der du das Walten deines Dieners überlässt
dem Sorgen für die Seelen
als ein übervolles Erntefest
in deiner Heimstatt

die sich öffnet
in der Blüte allen Liebens
sich dem Leuchten hingibt
Senfkorn allen Siebens
mit vollem Blut

Feigenbaum
du trägst das neue Blatt
als eines Lebens grüne Frucht
die in sich birgt das Reine
einer dornenlosen Rosenzucht

Gewidmet Hans Georg Müller,
Püttlingen, Weiherbergstraße, 29.08.08

Blaues Gartengedicht

Blauer Hirsch
blauer Stuhl
blaue Bank

blaue Kübel
blaue Brücke
blauer Hochbeetrand

blauer Lavendel
blauer Hibiskus
blaue Passionsblume

veilchenblaue Rosenranken
meeresblauer Rittersporn
lilablaue Distelblüte

Blauregen
im Himmelblau

Ballade vom wahren Schneckenputsch

Zwischen Buchsbaum, Schilf und Hecken,
zwischen Thymian und Farn,
spinnt ein silbrig schimmernd' Garn
eines ganzen Rudels Schnecken.

Kommt ein Laubfrosch angesprungen
auf Maßliebchens Blütenblatt,
Baldurs Auge blinzelt matt,
ist zum Ahorn vorgedrungen.

Liegt ein Rotfuchs auf der Lauer,
hält am Morgen schon die Wacht,
hat in manchen Gärten Pacht
unter Löchern einer Mauer.

Sieht den Laubfrosch munter wandern,
denkt sich, welch ein kleines Mahl.
Frosch erquickt der Sonnenstrahl,
flatscht von einem Platz zum andern.

Schleicht der Rotfuchs in der Hocke
sich zur Beute nah heran,
bis er sich draufstürzen kann,
raschelt eine Rosenlocke.

Lurchtiers Auge späht zur Seite,
sieht den Rotfuchs auf dem Sprung,
vor ihm glänzt der Schneckendung,
sucht mit einem Satz das Weite.

Rotfuchs jagt mit einem Rutsch,
trifft die Schleimspur folgenschwer,
schlittert, schleudert hinterher.
Laubfrosch ist schon lange futsch.
Das ist wahrer Schneckenputsch!

Bauerngarten

Pflaumenbaum und Heidelbeeren
Dahlien und Gartenzwerg
Grasnelken und Eberesche
Kräuterbeet und Kompostberg

Rebenranken Buchsbaumsträucher
Vogelhäuschen und Salbei
Rosenbüsche Blütenrüsche
Bauerngartenzauberei

Lavendel strauchelt

windgetrieben um Rosen
Blattläuse fliehen

Landgarten

Blumentöpfe rund gebaucht
feuerroter Fuchsienstamm
Wurz bewachsener Wasserdamm
steinbetaucht

Grasschöpfe Wind durchfaucht
verwittertes Kinderpaar
steingegossne Gänseschar
zeitverbraucht

Tonamphoren grün gehaucht
würzigmilder Thymian
Vogelbeere Schattenbahn
licht umstraucht

Sonnensporen überhaucht
gelbes Seerosengeflecht
Wellenkreise Froschgefecht
Eisenschänke Vogeltränke
Luft umschmaucht

Im Blumenreich

Im Klostergarten steht ein blauer Hirsch
und röhrt im Blumenreich ein Glockenton
der Stille huldigt göttlicher Passion
mitten im Grünen geht sie auf die Pirsch

vom Monte Schlacko löst sich ein Geknirsch
von Kieseln in der Windmeditation
die Rose rügt die Staubindiskretion
mit Duftentzug ein Falter flattert wirsch

vom zitternden Lavendel Eselsdistel
sich entstäubt El Pasos Kaktusohren
sich richten für die Weisheit der Epistel

den Gartenzaun bestrahlt von Chrysanthemen
berankt der weiße Riesling unvergoren
das Reifen muss sich mit Geduld bequemen

Wildrosen

Wildrosen waren es
die niemandes Nachsicht
ertragen wollten
gegenwärtiges Lächeln
ausgelöscht Stich für Stich

sie verweigern
Falten auszubügeln
Gräben zu überspringen
Dornen weichzuspülen

und doch betören sie
Hauch für Hauch
Blüte für Blüte

die hundertblättrigen
tausendjährigen
Blumen der Liebe

Hummelflug

Unüberschaubar die Landschaft im Staub der Gestalten die ihren Marmor in den Garten stellten herausgeputzt für jene die keinen Garten kennen die Blumen nicht beim Namen nennen

in diesem Frühling der Fruchtbares von Verkümmertem trennt schere ich Disteln um den schmerzhaften Gang zu erleichtern zwischen den Grabstätten der Hoffnung ich löffle den Regen aus die natürliche Reinigung der Statuen da wir nichts besaßen als den Augenblick

der alles aufspaltet in das Machbare und Mögliche Goldlöckchen Pfingstrosen die uns glauben machen wollen dass alles Blühen aufgehen muss unerschöpflich das Versprühen ihrer Duftstoffe Markierungszeichen für den Hummelflug

wer gegen Pollen allergisch ist weiß sich zu schützen wenn er sich noch schützen kann bevor die Duftwelle ihn erreicht er im Erdloch versinkt Schutzhöhle der Verlassenen Namenloses das im Verborgenen fruchtet

ungehindert wächst was niemand mehr besitzen will Sättigungsgrund für den Aufgang der Knospen Verwilderungen Blüten mit neuen Namen in diesem Frühling in dem der Hauch des Verneuens weht

Morgenröschen

Durch Ginster und Kiefern wob
das Sonnengeflecht
weißgelbe Lichtspur

trommelte, trillerte, flötete
das Singvögelorchester
welches sich raschen Flugs
in die Weite erhob

am Wolkenrand bebte
die Erde mild gestimmt
atmete auf und duftete
nach Morgenröschen

kein Herz, das jetzt nicht
gewärmt und erstrahlte
versucht vom süßen Klang
himmlischen Wachstums

Rosen im Christentum

Das Christentum entwickelte seine eigene Rosensymbolik, heiligte die Rose als Sinnbild Mariens. Nach einer alten Legende soll die Rose vor dem Sündenfall der Menschen dornenlos gewesen sein. Da Maria als von der Erbsünde befreit betrachtet wird, das Diktum der sog. unbefleckte Empfängnis, gilt sie als Rose ohne Dornen. „Doch aus dem Baumstumpf Isais wächst ein Reis hervor, ein junger Trieb aus seinen Wurzeln bringt Frucht", schrieb Jesaja (11.1). Darauf geht der Text des Liedes „Es ist ein Ros entsprungen" zurück. Die Legende berichtet, dass der Mönch Larentius während einer Winterwanderung eine Christrose sah, die aus dem Schnee herauswuchs. So inspiriert dichtete er das Lied, „Es ist ein Ros entsprungen". In der Ursprungsfassung von 1599 hatte es einst 23 Strophen. Eine andere Legende besagt, dass die Christrose aus den Tränen eines Hirten erwuchs, die jener vergoss, weil er vor lauter Armut dem Jesuskind kein Geschenk machen konnte. Daraufhin brachte der Hirte dem Jesuskind die „Christ-Rose" als Geschenk.

Maria wird oft in einem Rosenhag dargestellt. Die bekanntesten Darstellungen sind die Gemälde „Madonna im Rosenhag" gemalt sowohl von Martin Schongauer als auch Stefan Lochner. Die kirchliche Ikonographie machte die Rose zum Symbol der Himmelskönigin Maria und der Jungfräulichkeit mit der weißen Rose als Symbol. Hingegen bedeutet die rote Rose Anteilnahme der Mutter Maria an der Passion Jesus Christus, ihres Sohnes. Rot bezieht sich dabei auf das Blut Christi, die Anzahl fünf roter Rosen weist auf die fünf Wunden hin. Im Hohelied von Salomon (Kap 2.1-2.2) steht geschrieben: „Ich bin eine Blume zu Saron und eine Rose im Tal. Wie eine Rose unter den Dornen, so ist meine Freundin unter den Töchtern." Im Mittelalter durften nur Jungfrauen einen Rosenkranz tragen. Die rote Rose wurde zum Sinnbild des Blutes, das der gekreuzigte

Jesus vergossen hatte und damit zur himmlischen Liebe. Die Marienverehrung findet sich auch im Rosenkranzgebet. Der Rosenkranz ist eine Gebetsschnur mit 59 Perlen oder Knoten. In regelmäßiger Abfolge werden nach dem Vaterunser zehn Ave Maria gebetet. Der Rosenkranz ist auch heute noch eine weit verbreitete katholische Andachtsform.

Der Rosensonntag bezeichnet den vierten Fastensonntag. Die goldene Rose ist ein Christussymbol und steht für die Auferstehung Jesu Christi. Der Papst verleiht am Rosensonntag seit dem 11. Jahrhundert eine goldene Rose an Personen, die sich für die katholische Kirche besonders verdient gemacht haben.

Die Rose von Jericho Selaginella lepidophylla, die Auferstehungspflanze, die auch Wüstenrose, Jerichorose oder Jerusalemrose genannt wird, erinnert getrocknet stark an die Form einer Rose. Die einjährige krautige Pflanze ist einjährig und rollt nach dem Verblühen die trockenen Zweige kugelig einwärts gekrümmt ein und beschützt so die Früchte. Wird sie befeuchtet, breiten sich die Zweige auf und die Samen werden freigesetzt. Sie blüht wieder auf. Dies kann unbegrenzt wiederholt werden. Die Legende berichtet, dass Maria auf ihrer Flucht von Nazareth nach Ägypten die Pflanze segnete, weshalb sie als „Rose der Heiligen Maria" in die christliche Mythologie einging. In Ägypten wird sie als „die betenden Hände Marias" erwähnt und in Algerien heißt sie "Id Fatma Bint el Nabi", übersetzt „Hand der Fatma, Tochter des Propheten". Der Orientpilger Ludolf von Sudheim berichtete von der Pflanze in der Wüste beim Berg Sinai. Hans Tucher schreibt in seinem Reisebuch 1482: „do selbst wachsen vil der blumen die man bey uns rosen von iericho nennet.. die an der cristnacht auff geen da mit wir offt unser feuer schurten. da bey zu kochen. wan man nit holtz an dem ende hat sunder allein kleine stauden."

Ach Jehova

Wo in feinen zarten Tropfen
die Nässe mich erweckt
weht der Hauch der Dämmerung
Auf ihrer Fährte finde ich
Weihrauch und Myrrhe
im brennenden Dornbusch

Was schreibst Du mir an, Hüter der Welt
einer Blinden im Wüstenstaub
nie kann ich Deinem Ruf gerecht sein
zu sehr wächst mir die Haut
über dies Leben der Fragen

Entlasse Deine Gläubige
die sich verirrte
in den unzähligen Straßen
Deiner Kalender

Christrosengeflüster

Wind wirbelt
schneidet den Winterhauch
aus den Klängen der Eiskristalle

Licht entsilbert
am Schleifton der Frostkralle
reibt sich ein Winterweinen

in der Einsamkeit des Schneefelds
flüstern Christrosen
von der Botenkunde der Engel

Schneerose

Stille wiegt im Silberbett die Nieswurz
Rose die ihren Kelch
mit Schwindel füllt

erhaben im Schneeschaum
wenn Frost dich umzittert
bittert in der Kälte
ein weißes Blütengewand

birgt auch die Zeit ein ewiges Geheimnis:
die Schneerose blüht für ein Kind
das uns geboren aus göttlicher Neigung

Winterwald

Wald aus Eis
nebelweiß
Winter ist gekommen

Weihnachtstann
strahlt uns an
ist schon ganz benommen

Weihnachtszeit
steht bereit
ist schon reich geschmückt

Engelshand
hat im Land
Christrose gepflückt

Wenn Christrosen blühen

Wenn Schneeflocken fallen,
der Wind flüstert ganz leise
wundersame Weise,
klingt wie Glockenklang.

Hört himmlisches Schallen,
ein Kind soll uns geboren,
im Schnee blüht weiß, verloren,
Christrose im Hang.

Wenn Christrosen erblühen,
fällt draußen der Schnee,
funkeln alle Sterne,
Eis glitzert im See.

Wenn Christrosen erblühen
in Winters Einsamkeit,
zünd an eine Kerze
für die heilige Zeit.

Sieh nur was im Stall liegt,
was Gott uns hat gebracht,
aus dem Schoß der Mutter
in heiliger Nacht.

Wenn geboren das Kindlein,
spüre, Gott ist Klarheit,
er nur ist die Wahrheit
für die Ewigkeit.

Wenn Christrosen erblühen
erblüht uns auch das Heil.
Öffne deine Seele,
werde des Ewigen Teil.

Winterliebe

Unter Schneeflockendecken
des Winterbetts
ruhen Schläfer

Schutz befohlen
Erd gewärmt
Zeit verdrossen

über ihnen
die Fackel der Christrose
die im Funkenflug
des Nordlichts
aufblüht

weißlippig
Schnee schnippig
Frostfrau
Winterliebe
Lichtgeburt

Die Rose von Jericho

Sankt Nikolaus, ein kleines, im Wald gelegenes Dörfchen im Saarland an der französischen Grenze mit etwa 800 Einwohnern, seit 1973 als Ortsteil der Gemeinde Großrosseln zugeordnet, beherbergt eines der wenigen Weihnachtspostämter Deutschlands. Vom 5. bis zum 24. Dezember können Kinder dort Briefe schreiben, sie abgeben, andere Weihnachtspost mit der dort erhältlichen Nikolaus-Sondermarke freimachen oder seine Karten mit einem postgültigen Nikolaus-Sonderstempel versehen lassen. Mehr als 18.000 Briefe aus aller Welt erreichen jedes Jahr Sankt Nikolaus vor Weihnachten. Sie werden alle einzeln von einem Team aus Nikolaushelferinnen und Nikolaushelfern beantwortet. Im letzten Jahr geriet ein syrisches Flüchtlingskind in die Schreib- bzw. Kaffeestube, setzte sich an einen Tisch und begann, einen Brief zu schreiben. Eleonora Faizah schrieb in arabischer Sprache, sie konnte sich noch nicht in der deutschen Sprache verständigen, wenngleich sie mittlerweile einige Worte verstand.

Eleonora trug keinen Schleier, sondern eine weiße Hose, ein blaues Sweatshirt und braune Schuhe. Wären da nicht die samtschwarzen langen Haare und die Funken versprühenden braunen Augen gewesen, hätte niemand vermutet, dass es sich um ein Flüchtlingskind handelte.

Ganze fünfzehn Zeilen schrieb sie auf die untere Hälfte des Blattes. Auf den oberen Teil malte sie zerstörte Häuser, einen Halbmond, einen Kometen mit Schweif, der vom Himmel stürzte und mittendrin einen Nikolaus, der in seinen Händen, die er vor seinem Körper zu einer Schale geformt hatte, ein zusammengerolltes Wurzelgeflecht hielt.

Die eifrigen Nikolaushelferinnen und Nikolaushelfer waren ratlos. Was sollte das wohl bedeuten? Ein ausgetrocknetes zerfasertes Wurzelstückchen in den Händen von Nikolaus, dargeboten wie ein Geschenk vor einer kriegszerstörten Häuserkulisse? Der Halbmond sollte wohl heißen, dass der Nahe Osten gemeint war. Da es sich um Weihnachtspost handelte, konnte der Brief nicht von einem muslimischen Kind verfasst worden sein oder doch?

Vielleicht stellte das Bild ein Gleichnis dar. Die Helferinnen wollten sich kundig machen und wälzten sich durch Heiligenbücher und Legenden. Allein die Legende der Errettung der unschuldig zum Tod Verurteilten konnte sich auf das Bild beziehen.

Ein besetztes Land, das von den kriegerischen Auseinandersetzungen mehr und mehr zerstört und von den Statthaltern ausgeplündert wurde, was die dort lebenden Menschen in Angst und Schrecken versetzte, Feldherren, die fälschlicherweise des Verrats angeklagt wurden und ein Kaiser, der im Traum von Nikolaus die Wahrheit erfuhr.

Wünschte sich das Kind also, Nikolaus sollte die Terrororganisation IS zur Rechenschaft ziehen und ihnen die Augen über das Unrecht öffnen, das sie den Menschen zufügten und sollte er zugleich den Mächtigen der Welt erscheinen und ihnen kundtun, dass sie den Frieden wieder einkehren lassen sollten um Christi Willen?

Ja Frieden, Frieden war das Allerwichtigste, damit die Menschen wieder zur Ruhe finden und die Geflohenen in die Heimat zurückkehren konnten, um das Land wieder aufzubauen. Das Kind wünschte sich Frieden zu Weihnachten und Nikolaus sollte den Frieden in das Land zurückbringen. Aber was um Himmels Willen sollte das Wurzelstück bedeuten, das Nikolaus als Gabe in den Händen hielt?

Wieder machten sich die Helferinnen und Helfer auf, um irgendwo in den Schriften eine Erklärung finden zu können. War dies ein eingegangener Weinstock, der wieder Früchte tragen sollte? In jedem Fall war es eine Pflanze, doch welche war gemeint?

Da sie keine Erklärung fanden, fotografierten sie den Bildausschnitt und stellten ihn ins Internet. Nach kurzer Zeit erhielten sie ganz viele Meldungen. Aber nur eine passte zu dem

Bild, die echte Rose von Jericho, die Auferstehungspflanze, die nichts als ein Glas Wasser braucht, um wieder aufzublühen.

Auf der Flucht vor Herodes von Nazareth nach Ägypten soll Maria dieser Pflanze in der Wüste begegnet sein, sie gesegnet und ihr ewiges Leben gewünscht haben, weshalb die Pflanze auch die „Rose der Heiligen Marie" genannt wurde, in Ägypten die „Betenden Hände" oder der „Handballen" Marias. In Algerien soll man sie unter „Id Fatma Bint el Nabi" kennen, was übersetzt bedeutet, „Hand der Fatma, Tochter des Propheten".

Sollte dieses Bild also besagen, dass Nikolaus die Rose der Heiligen Maria vor sich hertrug, um die verwüsteten Dörfer und Städte im Nahen Osten wieder aufleben zu lassen mit einem einzigen Glas Wasser?

Noch einmal nahmen sie den Brief in die Hand. Eleonora Faizah hatte ihn geschrieben. Die Adresse fehlte. Im Buch der Vornamen entdeckten sie, dass Eleonora ein arabischer Name war und „Gott ist mein Licht" bedeutete. Als sie nochmals auf das Blatt sahen, verwandelten sich die arabischen Schriftzeichen in Buchstaben und auf dem Blatt stand geschrieben:

Oh Rose der Heiligen Mutter,
getränkt mit Schweiß und Blut,
verschenke dieser Blüte Sinn
von Syrien bis Ägypten hin,
vom Libanon bis zur Türkei,
weck alle auf und mach sie frei.

Denn Einer ist, der für euch spricht:
Kommt her, die ihr nach ihm verlangt.
Die Frucht erneuert jedes Land,
das er an alle Menschen gab,
für ein Leben in Liebe, nicht für ein Grab.

Die Mutter der Liebe und Gottesfrucht,

der Erkenntnis und heiligen Hoffnung,
schenkte durch Gottes Liebe das Leben.
Nur mit Liebe kann es ein Wunder geben.

Da sie die Adresse nicht fanden, vervielfältigten sie den Brief und schickten ihn an die Mächtigen der Welt. Man erzählte sich, dass sich der Brief jeweils in die Sprache des Empfängers verwandelte, als die Präsidenten ihn öffneten.

Die Nikolaushelferinnen und Nikolaushelfer beschlossen, das Gedicht der Rose von Jericho über der Eingangstür des Weihnachtspostamts aufzuhängen in der Hoffnung, Gott würde sich der Kinder annehmen und Nikolaus würde den Mächtigen im Traum erscheinen und sie zum Frieden ermutigen.

Wer am Weihnachtspostamt zur Tür hinauf blickt, die Augen schließt und an die verlorenen Kinder der Kriege in der Welt denkt, kann den Brief vielleicht sehen und hilft dem Nikolaus, überall auf der Welt die Friedensbotschaft zu überbringen und den Mutigen Unterstützung zu geben.

Werkverzeichnis

Vermisstenanzeige. Gewidmet den ermordeten Juden des Naziregimes. Lyrik und Prosa. Vera Hewener. Libri BoD. Norderstedt 2000. ISBN 3-8311-0748-3. 2. erw. Auflage 2014. ISBN 978-3831107483.

Lichtflut. Reisenotizen. Lyrik und Prosa. Vera Hewener. Edition Calamus. Norderstedt 2001. ISBN 3-8311-1493-5. 2. erw. Auflage 2014. ISBN 987-3831114931.

Eine Neigung aus Blau. Gegenwartslyrik. Vera Hewener. Norderstedt 2002. ISBN 3.8311-3334-4. 2. Auflage 2014. ISBN 9783831133345.

Bist Himmel mir und tausend Feuerfunken. Gedichte. Vera Hewener. Mauer Verlag. Rottenburg a/N. 2003. ISBN 3-937008-46-2.

Verwirbelungen der Zeit. Vera Hewener. Lyrik mit Bildern von Carolin Isele. WiKu Éditions Paris E.U.R.L. Paris und WiKu Verlag KG Berlin 2005. ISBN 3-86553-203-9.

Es kommen andere Ewigkeiten. Gedichte. Vera Hewener. WiKu Édition Paris ISBN 2-84976-0188 WiKu Verlag 2007. ISBN 978-3-86553-189-6.

Himmelsstürme. Vera Hewener. Gedichte mit Fotografien. edition Wort Verlag Bitburg 2010. ISBN 978-3-936554-00-3.

Das Jahr: Dichtung in vier Sätzen. Vera Hewener. Gedichte mit Fotografien. BoD Books on Demand Norderstedt 2013. ISBN 978-3-7322-3168-3.

Zaubervolle Winterwelt. Gedichte, Geschichten, Notizen. Vera Hewener. Verlag BoD Books on Demand. Norderstedt 2014. ISBN 9783735761262.

Frühlingsserenade. Die schönsten Gedichte, Geschichten und Notizen zur Frühlingszeit. Vera Hewener. Verlag BoD Books on Demand. Norderstedt 2015. ISBN 978-37347-3140-2.

Die Blüte des Sommers. Sommeranthologie. Die schönsten Gedichte, Geschichten und Kalendernotizen. Vera Hewener. Verlag BoD Books on Demand. Norderstedt 2015. ISBN 978-3-7347-89540.

In der Saar schwimmen keine Krokodile. Gegenwartslyrik & Texte. Vera Hewener. Verlag BoD Books on Demand. Norderstedt 2015. ISBN 9783738635676.

Von Lorraine nach Aquitaine. Reisenotizen in Lyrik und Prosa. Vera Hewener. Verlag BoD Books on Demand. Norderstedt 2016. ISBN 9783741210860.

Du trocknest meine Tränen wieder. Religiöse Lyrik & Texte. Vera Hewener. Verlag BoD Books on Demand. Norderstedt 2016. ISBN 9783743113589.

Zaubervolle Jahreszeiten. Der Frühling. Vera Hewener. Verlag BoD Books on Demand. Norderstedt 2017. ISBN 9783743125117.

Aus meinem Federkiel. Magische Momente. Natur & Seele. Gedichte. Vera Hewener. Verlag BoD Books on Demand. Norderstedt 2017. ISBN 9783744870511.

Zaubervolle Jahreszeiten. Der Sommer. Vera Hewener. Verlag BoD Books on Demand. Norderstedt 2017. ISBN 9783744870993.

„Kerzen, Wunder, Himmels-Zunder". Vera Hewener. Lustige und besinnliche Geschichten und Gedichte zur Advents- und Weihnachtszeit. Verlag BOD Books on Demand. Norderstedt 2017. ISBN 9783744893824. 2. Ausgabe 2019. ISBN 9783738629682.

Die Jahreszeiten: Auslese. Gedichte. Vera Hewener. Verlag BOD Books on Demand. Norderstedt 2018. ISBN 9783738636017.

Werkausgabe Band I. Frühe Gedichte 1970-1999. Verlag BOD Books on Demand. Norderstedt 2018. ISBN-13: 9783746025292.

Kinder, Hund, Familienbund. Lustiges, Tierisches und Allzumenschliches in Lyrik und Prosa. Vera Hewener. Verlag BOD Books on Demand. Norderstedt 2018. ISBN 9783746056821.

Zaubervolle Jahreszeiten. Der Herbst. Vera Hewener. Verlag BoD Books on Demand. Norderstedt 2018. ISBN 9783752842135.

Christnacht, Glocken, Engelslocken. Gedichte und Geschichten zur Weihnacht. Vera Hewener. Verlag BoD Books on Demand. Norderstedt 2018. ISBN 9783748107637. 2. Ausgabe 2019. ISBN 9783741251641.

In der Saar feiern die Fische. Gegenwartslyrik & Szenen. Vera Hewener. Verlag BoD Books on Demand. Norderstedt 2019. ISBN 9783732237142. 2. Aufl. 2020. ISBN 9783752810080.

Von Brandasund bis Nasholim. Reisegedichte, lyrische Ausflüge, Geschichten und Notizen. Vera Hewener. Verlag BoD Books on Demand. Norderstedt 2019. ISBN 9783732235841.

Tannen, Lobgesang, Weihnachtsklang. Gedichte, Geschichten, Liedtexte und Bühnenstücke zur Advents- und Weihnachtszeit. Vera Hewener. Verlag BoD Books on Demand. Norderstedt 2019. ISBN 9783750400030.

In der Saar tanzen die Schwäne. Gedichte, Geschichten & Szenen. Vera Hewener. Verlag BoD Books on Demand. Norderstedt 2020. ISBN 9783751921060.

Zaubervolle Weihnachtswelt. Geschichten, Gedichte, Stücke & Notizen zur Advents- und Weihnachtszeit. Vera Hewener. Verlag BoD Books on Demand. Norderstedt 2020. ISBN 9783752606409.

Weihnachtsklang, Lobgesang. Deutsche Gedichte und Nachdichtungen internationaler Weihnachtslieder, Gospels, Spirituals und deutsche Weihnachtslieder in moselfränkischer Mundart. Vera Hewener. Verlag BoD Books on Demand. Norderstedt 2020. ISBN 9783752606393.

Sodom und Camorra. Kurze Bühnenstücke für viele Gelegenheiten. Vera Hewener. Verlag BoD Books on Demand. Norderstedt 2020. ISBN 9783752606386.

Oh Frühling, komm! Natur, Stadt & Land. Die schönsten Frühlingsgedichte. Vera Hewener. Verlag BoD Books on Demand. Norderstedt 2021. ISBN 9783753439594.

Oh Sommer, leuchte. Natur, Stadt & Land. Die schönsten Sommergedichte. Vera Hewener. Verlag BoD Books on Demand. Norderstedt 2021. ISBN 9783753421414.

Oh Herbst, wandle!. Natur, Stadt & Land. Die schönsten Herbstgedichte. Vera Hewener. Verlag BoD Books on Demand. Norderstedt 2021. ISBN 9783754320655.

Oh Winter, schneie! Natur, Stadt & Land. Die schönsten Wintergedichte. Vera Hewener. Verlag BoD Books on Demand. Norderstedt 2021. ISBN 9783754347034.

Das kleine Tännlein. Die schönsten Weihnachtgeschichten. Vera Hewener. Verlag BoD Books on Demand. Norderstedt 2021. ISBN 9783755701705.

Denn die Zeit ist des Ewigen Aufgang. Zeitgedichte von der Morgenröte bis zur Abendstunde. Vera Hewener. Verlag BoD Books on Demand. Norderstedt 2022. ISBN 9783755738756.

Denn die Nacht ist der Spiegel der Sterne. Abend- und Nachtgedichte. Vera Hewener. Verlag BoD Books on Demand. Norderstedt 2022. ISBN 9783755730125.

Verrückte Tierliebe. Tiergedichte für alle Generationen. Vera Hewener. Verlag BoD Books on Demand. Norderstedt 2022. ISBN 9783754359860.

Wellen, Wogen, Himmelsbogen. Gedichte und Geschichten über Meere, Ströme und Gewässer. Vera Hewener. Verlag BoD Books on Demand. Norderstedt 2022. ISBN 9783755734468.

Äpfel, Nuss und Mandelkuss. Weihnachtsgeschichten. Vera Hewener. Verlag BoD Books on Demand. Norderstedt 2022. ISBN 9783756223770.

Das Licht der Weihnacht. Die schönsten Weihnachtsgedichte. Vera Hewener. Verlag BoD Books on Demand. Norderstedt 2022. ISBN 9783756844197.

In Paris ist die Zeit verschwunden. Gedichte. Vera Hewener. Verlag BoD Books on Demand. Norderstedt 2023. ISBN 9783734714283

Literaturverzeichnis Sachtexte

Die Internetseiten wurden am 10. und 11. April 2023 abgerufen.

Klaus-Jürgen Strobel: *Alles über Rosen.* Stuttgart: Ulmer 2006, ISBN 3-8001-4471-9.

https://de.wikipedia.org/wiki/Kulturrosen

https://www.welt-der-rosen.de/

https://de.wikipedia.org/wiki/Rosen

https://www.florawelt.de/gartenwelt/bericht/234/ursprung-mythos-der-rose#:~:text=Der%20Ursprung%20der%20wilden%20Rose,duften-den%20Bl%C3%BCten%20oft%20zur%20Dekoration.

https://www.adr-rose.de/adr-was-ist-das/

https://www.rosengesellschaft.de/adr-rosen

https://www.dom-hildesheim.de/de/tausendjaehriger-rosenstock-hildesheim

https://de.wikipedia.org/wiki/Rosenwasser

https://www.planet-wissen.de/natur/pflanzen/rosen/index.html

https://www.pkgodzik.de/fileadmin/user_upload/Sammlungen/Wissenswertes_ueber_die_Rosen.pdf

https://idw-online.de/de/news16472

https://de.wikipedia.org/wiki/Rosenöl

https://de.wikipedia.org/wiki/Rose_(Heraldik)

Walter Leonhard: *Das große Buch der Wappenkunst. Entwicklung, Elemente, Bildmotive, Gestaltung* 2., durchgesehene und erweiterte Auflage. Georg D. W. Callway, München 1978, ISBN 3-7667-0345-5.

Andreas Heinz: *Rosenkranz. II. Im Christentum.* In: Gerhard Müller u.a.: *Theologische Realenzyklopädie*, Bd. XXIX, Berlin-New York 1998, ISBN 3-11-016127-3.

Max Wichtl (Hrsg.): *Teedrogen und Phytopharmaka.* 4. Auflage, Wissenschaftliche Verlagsgesellschaft, Stuttgart 2002, S. 519–522. ISBN 3-8047-1854-X.

https://de.wikipedia.org/wiki/Hagebuttenöl

Ingrid und Peter Schönfelder: *Das Neue Handbuch der Heilpflanzen, Botanik Arzneidrogen, Wirkstoffe Anwendungen*, Franckh-Kosmos Verlags GmbH & Co. KG, Stuttgart, 2011, ISBN 978-3-440-12932-6

Ute Strimmer: *Das Rosental in Bulgarien. Goldschatz am Strauch.* In: G/Geschichte, Sonderheft 1/2017.

Matthias Kreienkamp: *Das St. Georgener Rezeptar. Ein alemannisches Arzneibuch des 14. Jahrhunderts aus dem Karlsruher Kodex St. Georgen 73*, Teil II: Kommentar (A) und textkritischer Vergleich, Medizinische Dissertation Würzburg 1992.

Dorothea Forstner, Renate Becher: *Neues Lexikon christlicher Symbole*, Innsbruck-Wien, 1991, ISBN 3-7022-1781-9.

https://www.ekd.de/bedeutung-lutherrose-13322.htm

https://www.recordare.de/kurzgeschichten/die-geschichte-der-rose/

https://www.erzbistum-koeln.de/export/sites/ebkportal/seelsorge_und_glaube/abschied-und-trost/.content/.galleries/downloads/Christliche-Symbole-Rose.pdf

https://www.rose-von-jericho.de/geschichte-rose-von-jericho

https://de.wikipedia.org/wiki/Rosenkranz

Apostolisches Schreiben Rosarium Virginis Mariae seiner Heiligkeit Papst Johannes Paul II. an die Bischöfe, den Klerus, die Ordensleute und die Gläubigen über den Rosenkranz (Memento vom 27. Oktober 2002 im *Internet Archive*)

Manfred Becker-Huberti: *Feiern, Feste, Jahreszeiten. Lebendige Bräuche im ganzen Jahr.* Freiburg/Basel/Wien 2001, ISBN 3-451-27702-6.

Urs-Beat Frei, Fredy Bühler (Hrsg.): *Der Rosenkranz. Andacht – Geschichte – Kunst.* Benteli, Bern 2003.

Leonard Holtz: *Mysterium und Meditation. Rosenkranzbeten heute.* Paulinus, Trier 1976, ISBN 3-7902-0117-0.

www.europa-rosarium.de